Début d'une série de documents
en couleur

SABBATS

ou

SYNAGOGUES

SUR LES

BORDS DU LAC D'ANNECY

PROCÈS INQUISITORIAL A St-JORIOZ

EN 1477

Par M. l'Abbé Jh.-M. LAVANCHY

CURÉ-ARCHIPRÊTRE DE THONON-LES-BAINS
ANCIEN CURÉ DE SAINT-JORIOZ

DEUXIÈME ÉDITION

ANNECY

IMPRIMERIE ABRY

LIBRAIRE-ÉDITEUR

1890

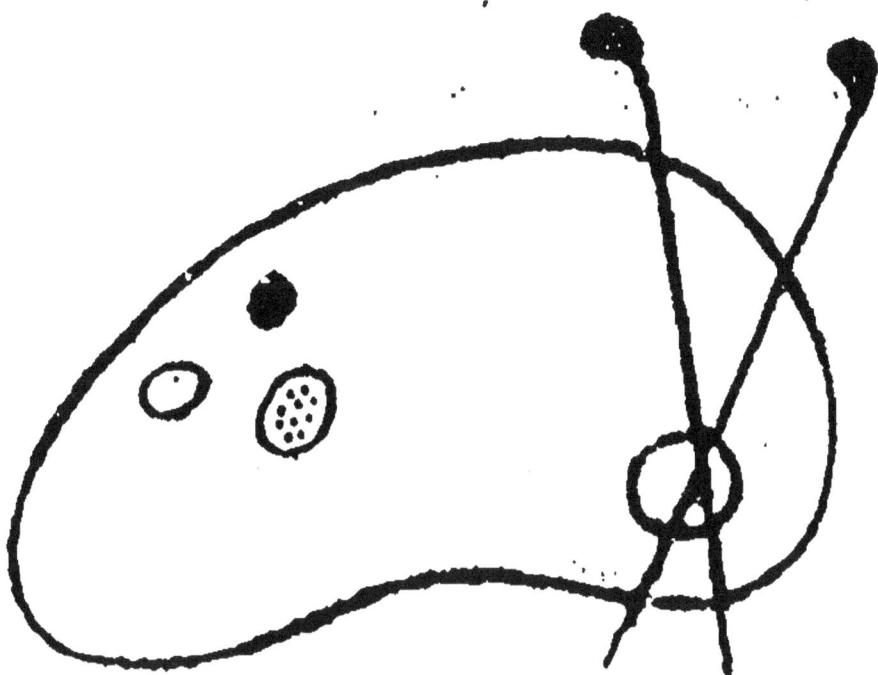

Fin d'une série de documents
en couleur

SABBATS OU SYNAGOGUES

SUR LES

BORDS DU LAC D'ANNECY

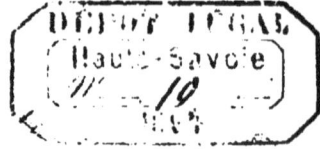

SABBATS

OU

SYNAGOGUES

SUR LES

BORDS DU LAC D'ANNECY

PROCÈS INQUISITORIAL A St-JORIOZ

EN 1477

Par M. l'Abbé Jh.-M. LAVANCHY

CURÉ-ARCHIPRÊTRE DE THONON-LES-BAINS
ANCIEN CURÉ DE SAINT-JORIOZ

DEUXIÈME ÉDITION

ANNECY

IMPRIMERIE ABRY

LIBRAIRE-ÉDITEUR

1896

Une thèse générale et complète sur les procédures in-quisitoriales et civiles, instruites dans les siècles passés contre l'hérésie sous toutes ses formes, demanderait des volumes. Cette question historique présente des aspects si divers qu'on ne peut l'étudier que par un côté à la fois, sauf à rapprocher ensuite les points élucidés pour juger de l'ensemble.

Aussi, avant d'aborder une étude qui a rapport à ce genre de faits, nous croyons nécessaire d'en fixer les li-mites, d'en réduire le cadre, pour écarter certaines objec-tions prévues dont les coups portent ailleurs et dont la réfutation, toujours possible, ne serait pas ici à sa place.

Ainsi, nous déclarons à l'avance que quand il nous ar-rivera de parler de l'Inquisition, il ne s'agira point de l'Inquisition espagnole, qui a son histoire à part et son caractère spécial, caractère plutôt politique que religieux. Chacun sait cela. Nous entendrons par Inquisition ce tribunal vraiment et purement ecclésiastique, relevant uniquement du Saint-Siège et dont les juges ont par-couru notre Savoie, comme le reste de l'Europe chré-tienne, avec une mission strictement papale.

En second lieu, nous n'entendons point, non plus, ap-précier les pénalités infligées parfois à l'hérésie simple, c'est-à-dire, à l'hérésie isolée de toute révolte contre l'or-dre établi et de tout crime punissable de droit commun. Nous prenons seulement à partie cette forme complexe de l'hérésie appelée sorcellerie, essayant d'en montrer la nature et d'expliquer la sévérité employée contre elle.

Enfin, vis-à-vis de cette sorcellerie même, notre but n'est pas d'en suivre, au loin et jusqu'à nos jours, les vicissitudes et les excès, mais bien, sauf quelques échappées, de nous confiner, comme territoire, en notre pays de Genevois, et comme temps, dans les siècles où la sorcellerie fut justifiable de l'Inquisition; car, et beaucoup de personnes ignorent ceci, il vint une époque où les tribunaux civils s'en emparèrent entièrement et furent à son égard moins prudents et plus sévères que l'Eglise.

Circonscrite de la sorte, cette étude gardera plus facilement le cachet d'intérêt local auquel seul nous visons et qu'une plus grande ampleur lui enlèverait sans doute. Apporter un élément de plus à l'histoire de notre pays, telle est notre intention principale, pour ne pas dire unique.

I.

Le nom de *sorciers* ne répond pas suffisamment à l'idée qu'il faut se faire de la classe de coupables contre lesquels l'inquisition ecclésiastique a dû sévir, durant les siècles où la foi chrétienne était, à bon droit, estimée comme le premier bien social et individuel. Il faut se garder de prendre ici le change vis-à-vis des criminels auxquels une certaine école s'obstine à ne donner que le nom bénin, quasi-inoffensif, de *sorciers*, pour avoir le droit de s'apitoyer sur leur sort et d'accuser de cruauté les tribunaux vengeurs de leurs méfaits.

L'Eglise, qui sait bien ce qu'elle dit, les a toujours appelés *hérétiques*. Ils le sont, en effet, quand par une apostasie et des erreurs volontaires, ainsi que par des mœurs infâmes, ils se mettent en contradiction obstinée et notoire avec la foi et le décalogue.

Renier Dieu créateur, Jesus-Christ sauveur, la Vierge Marie, le dogme catholique : prendre le démon pour Maître, se vouer à lui, lui rendre hommage, lui payer tribut : voilà certes bien, au regard de tout catholique,

de l'hérésie doctrinale au premier chef. Causer des préjudices, entasser des homicides, multiplier les sacrilèges,
fouler aux pieds les choses les plus sacrées, voler des enfants ou exhumer leurs cadavres fraîchement ensevelis
et en manger les chairs, etc., voilà bien aussi de l'hérésie
morale.

C'est sur l'ensemble de ces faits et sur ceux qui s'en
rendent coupables que l'inquisition exerce sa surveillance
et prononce ses arrêts, chargée, comme elle est, de connaître de l'hérésie, non pas interne, mais extériorée par
des actes criminels.

Qu'un crime, extérieurement le même, soit commis
sans procéder, comme une suite naturelle, de la négation
de la foi, comme serait un homicide par vengeance, un
adultère par passion, un vol par cupidité, l'inquisition,
en soi, n'est pas appelée à le juger ; il est entièrement soumis à la justice civile, à moins que le pouvoir séculier ait
lui-même élargi librement les attributions de l'Inquisiteur en plaçant sous son ressort certains délits de droit
commun, comme le firent les rois d'Espagne. Mais si ces
crimes dérivent, comme d'une source première et directe,
de la négation de la foi, le juge ecclésiastique est seul
compétent pour vérifier cette source et la qualifier.

Dès lors il arrive, ce qu'il ne faut pas perdre de vue,
qu'en stigmatisant un homme d'hérésie, c'est, en réalité,
souvent, un malfaiteur, un voleur, un sacrilège, un blas-
phémateur, un homicide, un sodomite, un cannibale que
le juge signale à la vindicte des lois du moment.

On a beaucoup écrit, dans des sens très divers, sur
cette question de la sorcellerie jugée et vengée par l'inquisition non moins que par les Parlements et les tribunaux
laïques inférieurs. La question est aussi vaste que l'ancienne Europe chrétienne, car il n'est aucune de ces nations ou provinces qui n'ait vu se dérouler sous ses yeux
des procédures de ce genre. Les esprits impartiaux, jetés
entre les appréciations de différentes écoles, hésitant
d'une part à croire à la tenue réelle des sabbats ou syna-

gogues, et d'autre part, obligés de tenir compte des traditions populaires si vivaces, si générales, si uniformes, ne pouvaient aisément asseoir un jugement précis sur la matière.

Des documents originaux et détaillés, des écritures faites séance tenante, signées de main de greffiers ou de notaires, permettent plus facilement de fixer le degré de créance qu'un homme sincère doit accorder à cet ordre de faits. La leçon qui en découle est multiple, car on trouve dans ces pièces authentiques non-seulement l'énumération des crimes avoués par les hérétiques ou sorciers, mais encore les précautions indulgentes d'un tribunal si fort travesti et calomnié.

Quelques-uns de ces documents, relatifs à la sorcellerie en Savoie, ont été déjà publiés chez nous et l'on verra plus loin les réflexions qu'ils provoquent.

A notre tour, nous en publions un, incomplet, il est vrai, mais suffisant pour amener des conclusions certaines, tirées uniquement de son étude attentive. Il est un modèle du genre, sinon quant à l'absolue similitude des crimes relatés, au moins quant à la marche suivie par l'inquisition, car celle-ci, soumise elle-même à des règles fixes de procédure, ne devait pas en changer d'un lieu à un autre.

C'est un procès inquisitorial, absolument inédit, trouvé aux archives du château de Villard-Chabod (1), paroisse de Saint-Jorioz. Ce procès est instruit en l'année 1477, au château même (appartenant pour lors aux seigneurs de Beaufort), par un vice-inquisiteur, le dominicain Etienne Hugonod, du couvent de Plain-Palais (Genève), contre une Antoinette, femme de Jean Rose, du hameau du Villard. Il y manque le texte de l'information préalable contre l'accusée, le prononcé de la sentence et le procès-verbal de l'application de la peine, si celle-ci a été portée, ce que nous ne savons pas. Mais il renferme en entier l'interrogatoire de l'accusée, partie toujours la plus importante de ces sortes de procédures.

(1) Sous le n° 771.

On y remarquera que la prévenue, entrée dans la voie des aveux, confesse des détails qui ne lui sont point demandés. On comprendrait qu'interrogée au moment même où elle subissait la question, elle eût répondu par des *oui* arrachés par la douleur à des demandes posées une à une. Mais non : libre de tout lien dès la veille, et sans que telles ou telles circonstances odieuses des réunions nocturnes lui soient suggérées par le juge, elle les indique avec une telle abondance et une telle précision de détails qu'on a peine à douter de sa sincérité. On n'invente pas des choses aussi révoltantes.

Au cours d'autres procès que nous avons eu sous les yeux, les aveux obtenus des accusés ne signalent guère que des maléfices exercés sur des personnes et des animaux. Ici, l'on s'étonne de rencontrer, à cette époque de foi et dans nos pays si catholiques, les mystères impies et obscènes des anciens gnostiques : on reste effrayé des infamies et des sacrilèges commis par les fréquentateurs des sabbats ou synagogues, et l'on se demande si l'Eglise et la société civile n'avaient pas un intérêt souverain à la recherche et à la répression de semblables forfaits.

Voici le bref résumé des aveux de la prévenue :

Elle confesse avoir été initiée aux mystères de la synagogue par un nommé Masset-Garin qui lui avait promis de lui procurer autant d'argent qu'elle voudrait pour se rédimer d'une hypothèque prise sur ses biens par un nommé Jacquemard d'Annecy, lequel avait payé pour elle et son mari le montant d'un laod et rémission d'hommage à noble Bertrand de Dérée, président en Genevois. Introduite au sabbat, elle s'effraie d'abord à la vue du démon, et plus encore à la proposition d'apostasie qui lui est faite par son présentateur ; mais, vaincue par les promesses du démon lui-même et par l'appât de l'or, elle se soumet à toutes les formalités du pacte diabolique dont nous écrivons plus loin les conditions. Ayant depuis lors et pendant onze ans assisté aux synagogues, elle cite les personnes qu'elle y a rencontrées et elle fait le tableau des orgies qui y avaient lieu, tableau qui ne varie pas

sensiblement dans les premières séances de son interrogatoire. Sur la fin, elle confesse avoir vu plusieurs fois
portées au sabbat des chairs humaines soit d'enfants,
tirées du cimetière, chairs qui, apprêtées et mangées par
elle et ses complices, avaient été trouvées douces et
molles. Elle cite entr'autres l'enfant d'un Pierre Millet,
enterré le mardi au cimetière de Saint-Jorioz, soustrait le
lendemain par Masset-Garin, porté par celui-ci au sabbat,
le jeudi soir et dont les entrailles servirent à composer
des poudres pour jeter des maléfices. Elle avoue enfin
que dans les réunions nocturnes, le démon leur enjoi-
gnait de ne pas adorer Jésus-Christ, de le renier au moment de l'élévation et en passant devant les croix, de
cracher la sainte Hostie après l'avoir reçue en accomplis-
sant le devoir pascal. Bien plus, elle cite les noms des
femmes qui portèrent un jour, au sabbat, des espèces
consacrées que l'assemblée entière foula aux pieds et que
l'on essaya de faire frire dans une poële, sacrilège qui ne
réussit point cependant, les hosties saintes ayant disparu
au milieu d'une brillante clarté, et le Démon se tenant à
distance pendant que tout cela se pratiquait. Dans la
dernière séance elle demanda en larmes, à genoux, les
mains jointes, en toute humilité et contrition, miséricorde à Dieu et indulgence de la part de l'Eglise, disant
que, dans une des nuits précédentes, en prison, elle a
renoncé au Démon, se rendant à Dieu, à la Bienheureuse
Vierge Marie et à saint Bernard, à l'honneur duquel elle
a fait l'offre de trois deniers pour obtenir de lui d'être à
l'abri des coups de son ennemi.

Toutes les circonstances capables de donner à un fait
la plus grande authenticité, circonstances de personnes,
de temps, de lieux, de manières, sont décrites par l'accusée en présence de témoins de la localité même auxquels
la vérification en est non-seulement facile mais obligatoire. Rien, par exemple, n'était plus aisé que de constater si elle avait dû à Bertrand de Dérée le montant du
laod qu'elle ne pouvait pas payer. Il était facile aussi de
s'assurer si vraiment l'enfant de Pierre Millet avait été

inhumé un mardi et si son cadavre n'était plus au cimetière.

Voilà donc un spécimen des crimes qui se perpétraient
au sabbat des sorciers ou hérétiques. Pour en apprécier
la gravité au point de vue pénal, il faut faire la distinction des époques. En notre temps d'athéisme légal et
constitutionnel, on a vu de jeunes lycéens cacher dans
une mauvaise feuille de papier, la sainte Eucharistie
qu'ils venaient de recevoir et la profaner odieusement
entre camarades, en cour de récréation, sans s'attirer
d'autre peine qu'un blâme et une expulsion infligés seulement pour donner satisfaction au sentiment religieux du
public indigné.

Mais au temps où se rapportent les faits que nous si-
gnalons, le sacrilège, *de par la loi civile,* était vengé par
le fer, le feu, l'amputation de la langue ou du poignet ;
même après la Révolution française, jusqu'en 1825 (1), il
était assimilé au parricide et puni du même châtiment.

Aujourd'hui encore, malgré les adoucissements apportés à la législation, on se demande si des actes comme
l'exhumation nocturne des cadavres et la manducation
de leurs chairs ne seraient point réprimés par des peines
de la dernière rigueur.

II.

Cependant il y a autre chose dans le manuscrit dont
nous publions la teneur. C'est la confirmation de ce que

(1) Jusqu'à cette fameuse séance de la Chambre où se discuta la peine
à infliger au sacrilège et où Royer-Collard fit accepter l'idée que les lois
humaines n'ont pas qualité pour venger l'outrage fait à Dieu, sa gloire
étant au dessus de tous les attentats dont il fera justice lui-même : que,
par conséquent, ce qui est violé, dans le sacrilège, ce que les lois humaines
ont seulement à faire respecter, c'est la foi des peuples, la conscience publique, la religion de la majorité des citoyens : qu'enfin, d'après cette
distinction, le châtiment des violateurs doit être sévère, sans doute, mais
que la peine de mort n'est pas indispensable, non plus que la mutilation
du poignet.

disent les auteurs impartiaux sur la procédure usitée, en pareil cas, par l'inquisition vraiment et purement ecclésiastique, dont la loi était d'offrir largement la miséricorde avant d'arriver à la justice selon sa devise : *Misericordia et justitia.*

Les historiens sérieux et sincères affirment :

1° Que l'inquisiteur, arrivant dans une localité sur la demande des seigneurs laïques et du peuple, commençait par annoncer publiquement aux hérétiques, un terme de grâce de trente ou quarante jours, pendant lesquels ils étaient libres 'de confesser leur faute et de revenir spontanément de leurs erreurs.

Or, on voit au procès, qu'en effet, l'inquisiteur demande à la prévenue si elle a assisté aux sermons généraux faits par lui pour les engager à rentrer de plein gré dans le giron de l'Eglise.

2° Ils disent que toute procédure inquisitoriale était précédée d'une enquête ou instruction préalable dirigée par un commissaire ou procureur de la foi, contenant la série des faits incriminés et motivant l'arrestation ou la détentation préventive de l'accusé.

Or, on voit au procès que cette enquête fut faite contre la prévenue par égrège sr François Farod et que celui-ci demande au juge de la vérifier.

3° Ils disent que le juge faisait connaître aux accusés les dépositions faites contre eux et même les noms des témoins.

Or, on trouve au procès une séance entière employée à demander à la prévenue si elle a quelque motif de récuser le témoignage des personnes, citées par leurs noms propres, qui ont déposé contre elle.

4° Ils disent que, même après l'incarcération et durant trois jours, il y avait admonition pour obtenir l'aveu, et que, si cet aveu était fait, il y avait clémence sur simple sentence du tribunal. L'affaire était finie.

Or, l'on remarque au procès, à la première séance de l'interrogatoire, que la grâce et le pardon sont encore garantis à la prévenue, si elle veut avouer, et qu'on lui donne, pour aviser, un, deux, trois jours correspondant aux trois monitions canoniques.

5° Ils disent que, si l'accusé devait être soumis à la question, la loi obligeait l'inquisiteur à la modérer par sa présence ou par ses ordres.

Or, on découvre au procès que la prévenue n'est soumise à la question qu'avec mesure et par degrés, avec protestation expresse, de la part du juge, contre toute effusion du sang et mutilation de membres, et que, quand la patiente demande à être délivrée, elle est obéie aussitôt, même avant d'avoir consenti à faire des aveux. Une première fois, les mains liées derrière le dos, elle est soulevée de terre pendant l'espace d'environ une demi-heure, par une corde passée sous les aisselles, mais sans aucune secousse. Une seconde fois, c'est-à-dire, un autre jour, soulevée de la même manière, elle subit trois secousses de corde, et sur sa promesse de parler elle est relâchée immédiatement. Dès lors l'interrogatoire, remis au lendemain, se poursuit rapidement. Pendant quatre jours consécutifs, libre de tout lien, l'accusée est amenée devant le juge, sans être plus jamais soumise à la torture. Les aveux loin d'être arrachés par monosyllabes, sortent des lèvres de cette femme en forme de récit tranquille et soutenu, entrecoupé seulement çà et là de questions suggérées par le récit lui-même.

6° Ils disent enfin que *jamais* le tribunal de l'inquisition ne prononçait de sentence de mort. Il n'émettait, au fond, qu'une déclaration du jury, consistant simplement à dire : « Oui, l'accusé est un apostat, un hérétique, » et après cette déclaration, il avait épuisé son pouvoir. C'était ensuite aux tribunaux *civils* à faire l'application de la loi *civile* de l'époque, exactement comme font aujourd'hui les juges en cour d'assises après le verdict des jurés. Dans ces conditions, les inquisiteurs n'étaient pas plus responsables des suites de leur déclaration que ne le sont aujourd'hui les jurés de France et d'Angleterre.

Or, l'exactitude de cette dernière assertion est démontrée par toutes les sentences inquisitoriales connues, sentences qu'on découvre tous les jours, identiques, et dont nous donnons ci-après un modèle entre cent autres.

Ceci posé, on se demande quel est, depuis l'origine du monde, un autre tribunal qui commençât ainsi par offrir la grâce et le pardon aux coupables et qui regrettât en quelque sorte d'être obligé de sévir contre eux.

III.

Ces éclaircissements, tirés d'une source authentique, ne répondent pas néanmoins à toutes les objections formulées contre le Saint-Office. Ces objections, ces griefs, n'ont, pour la plupart, d'autre base que les préjugés du jour, à savoir : que la vérité et l'erreur ont les mêmes droits ; que la religion n'est qu'une affaire d'opinion ; que toutes les religions sont bonnes ; que la perfection politique est dans la liberté absolue des cultes ; que le meilleur gouvernement est celui qui pratique à l'égard des cultes la plus complète indifférence, etc.

Retournez ces propositions, prenez-en la contradictoire, transportez-vous au sein d'une société qui dit, avec raison : L'erreur n'a pas de droit en face de la vérité ; la religion véritable est le premier bien social d'un pays ; l'Eglise et l'Etat sont étroitement unis par l'harmonie des lois, pour procurer, de concert, le bien spirituel et matériel d'un peuple ; vous avez là-dedans, le fonds de réponse aux principales attaques dont l'inquisition est l'objet, sous le rapport du droit.

Il est une autre manière de l'apprécier défavorablement, manière moins philosophique, mais plus habile. Elle consiste à évoquer, en des tableaux lugubres, les instruments de supplice, la torture, les bûchers, et à laisser croire que l'inquisition en avait, seule, le triste monopole. Elle consiste à émouvoir le lecteur au lieu de l'éclairer, à le placer sous une impression de pitié pour le coupable et de colère contre le juge ; enfin, à établir le contraste entre la rigueur de ces formes judiciaires et la douceur de l'Evangile, qui défend, dit-on, de tirer le glaive. De cette façon, comme le cœur humain prend volontiers parti pour l'infortune, les émotions enlèvent à l'intelligence sa pénétration et sa droiture.

Les réponses abondent.

1° L'acte de punition vient du bras séculier armé par la loi civile de chaque pays et non pas de l'Eglise, qui permet le châtiment, mais ne l'applique pas. « C'est une « chose vraiment remarquable, écrit l'illustre Jacques « Balmès, que l'on n'ait jamais vu l'inquisition de Rome « prononcer l'exécution d'une peine capitale, quoique « le Saint-Siège ait été occupé pendant ce temps-là par « des Papes d'une rigidité et d'une sévérité extrêmes pour « tout ce qui avait rapport à l'administration civile. On « trouve sur tous les points de l'Europe des échafauds « dressés pour punir des crimes contre la religion ; par- « tout on est témoin de scènes qui contristent l'âme, « et Rome fait exception à cette règle... Les Papes, armés « d'un tribunal d'intolérance, n'ont pas versé une goutte « de sang ; les protestants et les philosophes en ont versé « par torrents... (1) »

2° Une pénalité philosophique peut sembler suffisante à notre siècle policé. Mais le barbare, l'homme du moyen âge était peu délicat, de mœurs rudes, peu sensible à la douleur, et partant, il craignait peu la mort. Il lui fallait une pénalité symbolique, dramatique, terrible, portant avec elle l'instruction et la terreur. Aussi, l'ancien droit public était-il fécond à cet égard : l'écartellement, le feu vif, la roue, la pendaison, la décollation par le glaive ; puis, les galères, le fouet en cellule, le fouet en public, la langue coupée ou percée, l'amputation du poignet, le traînement sur la claie, le carcan, le pilori, la marque au fer rouge, etc., tout autant de peines corporelles disparues de nos mœurs, dont l'application était laissée à l'appréciation du juge et dont la simplification par le droit actuel a réalisé un progrès vers l'égalité pénale.

Tout cela, pour employer un mot devenu à la mode,

(1) Le *Protestantisme comparé au Catholicisme*, ch. xxvi, t. II, p. 234.

était très laïque. Si donc une âme sensible s'apitoie sur le
sort d'un hérétique malfaisant supplicié par le feu, il lui
faut également réserver une part de ses doléances à
l'adresse de tous les autres criminels, brûlés aussi, ou
brisés sur la roue, ou tirés à quatre chevaux par les quatre membres. Ceci vaut cela. Le bon docteur Guillotin
n'avait pas encore paru sur la scène de ce monde, pour
donner à la justice son expéditive machine.

3° La question, ou torture, il est vrai, a été employée
directement par l'inquisition. Mais remarquons ici deux
choses :

En premier lieu, la torture, prise comme telle, n'est pas
une sanction punitive, un châtiment. Elle n'est qu'une
forme de procédure, un moyen d'avoir la preuve, moyen
cruel, nous le voulons bien, mais pratiqué dans toute
l'ancienne Europe. Les Grecs et les Romains l'ont employée ; elle a traversé la période entière du moyen-âge
et celle des temps 'modernes jusqu'à la Révolution française. Tous les tribunaux civils, jugeant au criminel, en
font usage et sa forme varie suivant les provinces. Qui
n'a entendu parler des torches ardentes employées par la
justice de Normandie, et des fameux brodequins du Parlement de Paris ? L'estrapade de l'inquisition est-elle plus
odieuse et les aveux sont-ils plus sincères d'un côté que
de l'autre (1) ?

L'Eglise pratique donc la question comme moyen uni-
versellement reconnu nécessaire pour avoir la preuve
complète par l'aveu, et cela afin d'éviter, de la part de la
société, le reproche d'avoir négligé ce dernier procédé
d'information dont la justice civile savait si bien user
elle-même. Par la grande modération qu'elle recommande

(1) La justice moderne se meut, il est vrai avec des formes plus douces.
Mais encore n'est-ce pas une torture morale que celle de l'accusé aux
prises avec toute l'habileté, toute l'astuce d'un juge instructeur qui le
presse de questions, qui l'environne de pièges, qui emploie tour à tour les
promesses ou les menaces pour obtenir un aveu ou des paroles équiva-
lentes à un aveu ? Quelle angoisse que celle d'un prévenu qui, sur le banc
d'une cour d'assises, sous le feu d'un interrogatoire artificieux et prolongé,
se voit exposé, par son émotion même, à lâcher une parole dont dépend
son honneur ou sa vie !

toujours à ses ministres elle témoigne assez qu'elle n'emploie la torture qu'à regret, et qu'elle ne la tolère que comme elle a toléré certains autres abus généraux, dont la réforme brusque et précipitée aurait amené des malheurs plus grands encore (1).

En second lieu, et ceci peut sembler paradoxal bien que ce soit la vérité, il faut savoir que la question tournait à l'avantage de l'accusé. En effet, quand même son crime aurait été de ceux que la loi déclarait punissables de mort, s'il subissait la question sans en faire l'aveu, il esquivait la peine capitale. Le juge avait besoin de cet aveu pour rassurer sa conscience, et dégager sa responsabilité. A l'encontre de ce qui se pratique aujourd'hui, les preuves extérieures, seules, pouvaient bien amener une punition grave, mais on ne pouvait, sur elles seules, conclure à l'expiation suprême, à moins que le coupable eût été saisi en flagrant délit. Aussi vit-on souvent de grands criminels avoir assez de caractère pour braver la torture en gardant un silence obstiné, et éviter ainsi la peine de mort.

Nous en avons un exemple pris sur place. Au sujet de François-Nicolas de Montpiton, cet homme dont les contrées riveraines du lac d'Annecy ont gardé pendant deux siècles un si terrible souvenir, nous trouvons dans les registres de paroisse de Saint-Jorioz la curieuse note que voici, copiée textuellement :

« L'année 1716 a été très recommandable par la con-
« damnation du seigneur comte de Montpiton, seigneur
« d'une partie de cette paroisse et comte de celle de Ce-
« vrier, aux galères, par le Sénat, en exécution des ordres
« de Sa Majesté sicilienne (2), après de grandes infor-
« mations sur toutes ses actions. La principale cause de sa
« condamnation fut d'avoir été suffisamment convaincu
« d'avoir gagné le nommé André Rogès pour tuer feu
« Rd Sr Joseph Durand, prêtre, recteur de la chapelle de

---

(1) Par exemple : l'esclavage, le mariage des clercs en Orient, la plaie néfaste de la commende.
(2) Victor-Amédée II, roi de Sardaigne, devenu depuis peu roi de Sicile.

« Notre-Dame, tué sur le cimetière, en 1708. Les sei-
« gneuries de Cévrier et de Saint-Jorioz confisquées à
« S. M. Sicilienne. *Nolite tangere Christos meos.* Ayant
« toujours nié dans la question ordinaire et extraordi-
« naire *ce fut cause qu'on ne le condamna qu'aux ga-
« lères, où il a été conduit* (1). »

Au reste, les réflexions qui précèdent n'ont aucune-
ment pour but de donner à entendre que l'Église, de nos
jours, désavoue et réprouve l'établissement du Saint-
Office. Comme toute société organisée et vivante, elle
affirme hautement le droit qu'elle a eu et qu'elle a encore
d'avoir sa police intérieure en l'adaptant au caractère et
au besoin de chaque époque. Elle a canonisé et elle honore
saint Pie V en disant de lui : « *Inquisitoris officium in-
violabili animi fortitudine diu sustinuit.* » Ce qu'elle
réclame seulement, c'est qu'on reconnaisse équitablement
la part de responsabilité qui lui revient et qu'on ne lui
impute pas ce qui n'est point son fait. Elle demande qu'on
la juge, non d'après les sentimentales rêveries d'un poète
ou sur les affirmations aventurées d'un ennemi, mais
bien sur ses déclarations authentiques puisées aux sources
mêmes.

Avant que Grégoire IX confiât (1234), à l'ordre de
Saint-Dominique la mission spéciale et directe de connaître de l'hérésie doctrinale et morale, les Évêques
étaient eux-mêmes les inquisiteurs en leurs diocèses
respectifs. Mais, parce que certains Évêques négligeaient
ce devoir ou étaient eux-mêmes partisans de l'erreur,
le Saint-Siège changea le personnel des tribunaux ecclésiastiques sans changer les règles de la procédure. Ces
règles, imposées d'abord aux Évêques, sont celles-là
mêmes que durent suivre plus tard les inquisiteurs dominicains.

Les voici formulées, vingt ans seulement auparavant,
dans une constitution d'Innocent III, promulguée au
quatrième concile de Latran (1215), renouvelée et main-

_____

(1) Registre des baptêmes, sur la fin de l'année 1716.

tenue par le concile de Trente (1563) (1). Nous traduisons presque mot à mot :

« Lorsqu'un sujet aura été diffamé par ses propres ex-
« cès au point qu'il s'élève contre lui une clameur qui ne
« peut plus être dissimulée sans scandale ou tolérée sans
« péril, qu'il soit procédé contre lui (par le prélat) sans
« hésitation de scrupule, non par esprit de haine, mais
« par un sentiment de charité. Celui donc contre lequel
« l'information sera dirigée doit être présent, à moins
« qu'il ne se soit absenté par contumace, et on lui doit
« exposer les griefs qui forment le fonds de l'enquête, afin
« qu'il puisse se défendre lui-même. Et non seulement
« les dépositions, mais encore les noms propres des té-
« moins doivent lui être signalés, pour qu'il sache bien
« ce qui est avancé contre lui et par quelles personnes.
« On lui doit aussi laisser l'avantage des exceptions (récu-
« sations) et des répliques légitimes, de peur que la sup-
« pression des noms propres et la non liberté des excep-
« tions favorisent l'audace de ceux qui voudraient le
« diffamer ou déposer à faux contre lui. Quoique le prélat
« puisse procéder contre ces excès de trois manières,
« c'est-à-dire par accusation, par dénonciation et par in-
« quisition, cependant qu'en toutes ces manières, il soit
« usé d'une grande prudence de peur qu'une enquête trop
« rapide et légère ne devienne la cause d'un grave préju-
« dice. Comme une instruction préalable légitime doit
« précéder l'accusation, ainsi un avertissement charitable
« doit précéder la dénonciation, et de même encore une
« retentissante clameur doit précéder l'inquisition, em-
« ployant toujours cet esprit de modération par lequel la
« forme de la sentence soit mesurée sur la forme du juge-
« ment lui-même. »

Ce canon, très fameux, a servi depuis de fondement à toute la procédure criminelle, même dans les tribunaux séculiers (2).

---

(1) Sess. 24 de Reform., cap. v.
(2) Rorhbacher, t. VIII, édition Vivès, liv. 71, p. 481.

IV.

En preuve de ce qui a été dit plus haut que le rôle de l'inquisiteur consistait seulement à constater le crime d'hérésie par une sentence semblable à un verdict de jury et que c'était ensuite au pouvoir civil de prononcer et d'appliquer la peine, voici deux modèles de sentence qu'il n'est pas, ce semble, hors de propos de reproduire. Ils sont pris indifféremment dans le nombre.

SENTENCE DE L'INQUISITEUR

« In nomine Dni, Amen. Nos N.. heretice pravitatis
« inquisitor... universis et singulis notum facimus quod,
« viso per nos inquisitionali processu contra te N... for-
« mato... ex cujus tenore constat et apparet te N... Deum
« omnipotentem... infideliter abnegasse diaboloque... ho-
« magium et reverentiam exhibuisse... ipsum in domi-
« num, repulso Domino nostro Jesu Christo, accipiendo
« eidemque certum tributum in ipsius homagii signum
« tradendo aliaque execrabilia crimina... committendo :
« hiis igitur de causis nos et animum nostrum moven-
« tibus, sedentes pro tribunali, more majorum nostro-
« rum, Deum et sacras scripturas nostris pre oculis
« habentes et signo sancte Crucis muniti, dicentes : in
« nomine Patris et Filii et Spiritus sancti, Amen : per
« hanc nostram sententiam definitivam... de jurisperito-
« rum assensu maturaque prehabita deliberatione dici-
« mus, pronunciamus, sentenciamus et judicamus te N...
« infidelem et idololatram impenitentem, teque brachii
« secularis potestati reliquendum et dimittendum et quem
« per presentes eidem brachio seculari ut homicidam
« relinquimus et remittimus ne delicta remaneant delin-
« quentis impunita : rogantes idem brachium seculare,
« affectione majori qua possumus, quatenus citra mortem

« et sanguinis effusionem circa te N... moderet senten-
« ciam (1).

« Insuper... dicimus et declaramus omnia et singula
« bona tua, mobilia et immobilia, que habes et que habe-
« bas tempore commissi criminis... esse confiscanda et
« que confiscamus et confiscata pronunciamus, dividenda
« prout consuetudo et jura volunt. Data, etc. »

Nous ne croyons pas qu'on trouve jamais une sentence
inquisitoriale proprement dite qui ne soit pas substantiel-
lement semblable à celle-ci (2).

Sentence portée par le juge laique, en suite de la précédente.

« ... Audita remissione mihi temporali judici... per re-
« verendissimum inquisitorem N... facta ut justitia minis-
« tretur et suum sortiatur effectum contra eumdem inqui-
« situm : viso et visitato processu istius N... inquisti ac
« tenore illius accute inspecto... nobis lucide constat et
« apparet eumdem N... inquisitum in heresim incidisse,
« Deum negasse, etc., que omnia sunt punitione corpo-
« rali digna : Igitur, cum nullum bonum debeat rema-
« nere irremuneratum nec malum aliquod impunitum...
« Idcirco te N... inquisitum et de crimine heresis an-
« notatum condemnamus et sentenciamus... ad caput
« tuum a spatulis tuis troncandum et mutilandum ita
« adeo et in tantum quod anima tua a corpore tuo se-
« paretur et hexaletur et ad corpus tuum furchis seu
« patibulo in loco eminenti supendendum et caput
« tuum a corpore semotum in pillono affigendum, ut
« cedat in exemplo ceteris malvivari volentibus, et man
« dando castellanis loci et aliis officiariis quathenus exe-

(1) Il est impossible de traduire cette dernière phrase autrement que par la version suivante : Priant le bras séculier avec toute l'ardeur dont nous sommes capables de mitiger la sentence contre toi N..., en restant *en deçà* de la peine de mort et de l'effusion du sang.
(2) Voir la condamnation de Charrière, dans la *Notice sur l'abbaye de Tallotres*, par J. Philippe. — Item : Rohbbacher, édition Vivès, t. X, liv. 88, p. 397.

« quantur sentenciam et ad executionem mandent. Data
« et lecta, etc. (1). »

Un poète annécien s'est étonné qu'on retrouve en notre
pays les mêmes formules, les mêmes rites que ceux em-
ployés au procès de Jeanne d'Arc (2). Sa surprise nous
surprend nous-même. Cela prouve notre thèse. La justice
moderne, qu'elle se trompe ou non, n'a pas l'habitude,
elle non plus, dans ses décisions suprêmes, de varier ses
phrases *et ses images de rhétorique.*

V.

Le cas de la femme Rose, de Saint-Jorioz, accusée d'hérésie, est loin d'être isolé dans notre pays de Genevois. En
cette même paroisse et dans un intervalle de temps assez
rapproché, nous en constatons deux autres analogues. Le
premier est celui de Masset-Garin, le présentateur même
de cette pauvre femme à la synagogue, le voleur de cadavres d'enfants au cimetière, lequel, jugé peu auparavant, avait été condamné comme hérétique à être noyé,
apparemment dans le lac. La mention en est faite deux
fois au cours de notre procès, sous les expressions : *sub-
mersus pro heresi, plexus pro heresi.* Le second est celui
d'un autre hérétique, brûlé vif, au Cré-Japert, sur Saint-
Jorioz, dont nous trouvons la mention dans la plaidoirie
des seigneurs de Duin contre les nobles de Beaufort, seigneurs de Villard-Chabod, en 1521, au sujet des fourches
patibulaires établies en cet endroit. Les seigneurs de
Villard-Chabod, pour appuyer leur droit de tenir au Cré-
Japert une potence permanente, amènent des témoins qui
déposent et affirment y avoir vu brûler un hérétique, relevant de la juridiction du Villard : « ... Item constat de
« executione facta in ipso loco de illo heretico, ut clare
« deponunt ipsi testes. Et quamvis aliqui (testes) dicant

(1) *Procès de Viry,* p. 41 et suiv.
(2) J. REPLAT, *Voyage au long cours sur le lac d'Annecy,* p. 127 et suiv.

« quod fuerunt derupte furche, illud fuit de facto inscio
« Dno Villarii, et deponunt de justitia ministrata de illo
« heretico combusto in ipso loco... » La plaidoierie était
du célèbre avocat Paul de Capré.

A Talloires, les inventaires des archives de l'abbaye
signalent également, vers la même époque, quatre exécutions capitales, par le feu, pour crime d'hérésie : celle
d'Antoine Charrière, du village de Rovagny (Saint-Ger-
main), en 1446; celles de François Dupont et Jean Marin,
du hameau de Verel, en 1455, et celle de Péronnette
Lehens, en 1485. De ces quatre procès, la seule pièce dé-
tachée qui nous soit parvenue est le texte même de la condamnation d'Antoine Charrière. Ce texte a été publié en
entier dans une *Notice sur l'Abbaye de Talloires* (1), qui
obtint naguère un certain succès, mais qui a besoin d'être
complétée et rectifiée par les nombreux documents décou-
verts depuis lors.

Les archives du château de Viry ont livré aussi le texte,
complet, cette fois, de sept procédures de ce genre, instruites au château même, dans la première moitié du xvi^e
siècle. Elles ont été publiées dernièrement à Genève (2) et
l'on verra plus loin les leçons historiques qui en découlent.

A Faverges, on montre aujourd'hui encore, au milieu
d'un pré verdoyant, en pleine terre d'une belle fécondité,
deux espaces circulaires où aucune herbe ne pousse jamais et où la tradition populaire constante affirme que se
tenaient les rondes infernales (3).

Aux années 1458 et 1459, les prud'hommes de la vallée
de Chamonix, en vertu de leurs franchises, et après jugement inquisitorial, condamnèrent à être brûlées vives les
nommées Guiga, veuve de Millieret-Balmat, dit Monard ;
Jeannette, femme d'Aymonet Charrerat ; Françoise, veuve

---

(1) Par J. Philippe.
(2) *Procès de sorciers, à Viry, bailliage de Ternier,* par César Duval.
Imprimerie centrale genevoise, rue du Rhône, 52.
(3) Strozzi dit avoir vu autour d'un châtaignier, dans un champ du
territoire de Vicence, un cercle dont la terre était aussi aride que les
sables de la Lybie, parce que les sorciers y dansaient et faisaient le sabbat. (*Diction. des sciences occultes,* édition Migne, art. Sabbat, p. 447.)

de François Raviot ; Henriette, femme de Pierre Oncey, et Rolette, veuve de Jean Duc, celle-ci de Vallorcine. Les sentences exécutées à Chamonix même (1).

Le 29 avril 1462, après jugement rendu par le vice-inquisiteur Claude Rup, dominicain, les mêmes prud'hommes de Chamonix, assistés de leur conseil, condamnèrent encore à la peine du feu Jean Effrancey le jeune, Jean Dumollard, dit Pesant, Pierre Dunant, Michelle, femme de Ramus de la Ville, Jeannette, femme de Michaud Gillier, Pernette, femme de Martin Bectex, Pernette, veuve de Michel des Ouches, et Jean Greland. Ces deux derniers, cependant, reconnus beaucoup plus coupables que les autres, subirent une aggravation de peine. Pernette, veuve de Michel des Ouches, convaincue d'avoir eu plusieurs fois commerce impur avec le diable *(per suppositionem persone sue sepe et pluries cum diabolo infernali factam)* et d'avoir mangé des enfants au sabbat *(per comestionem puerorum in synagogis)* fut condamnée à être liée à la colonne de justice, et là, être assise, à nu, sur une plaque de fer rougie à blanc pendant la vingtième partie d'une heure, puis, enveloppée par le tas de bois formant bûcher, jusqu'à réduction en cendres de ses ossements. Jean Greland, outre plusieurs crimes appelés *inhumanissima* et *nephandissima*, convaincu d'avoir foulé aux pieds le corps sacré de Jésus-Christ, fut condamné à être conduit entièrement nu, au lieu même où il avait commis cette profanation, à s'y voir couper la partie inférieure du pied, à y baiser trois fois la terre, et enfin à être attaché, mort ou vif, avec la partie amputée de son pied, à la colonne de justice, pour être brûlé.

Le vice-inquisiteur, finissant de prononcer son verdict sur la culpabilité de ces prévenus, devant la grande porte de l'église de Chamonix, en présence de la foule assemblée, avait cependant adressé, comme toujours, l'instante prière au juge et officiers locaux d'être indulgents et dé-

---

(1) Documents relatifs au prieuré et à la vallée de Chamonix, par J.-A. Bonnefoy, publiés par l'Académie des sciences de Savoie, vol. IV, p. 175 et suiv.

bonnaires dans l'application de la peine : « ... Vos tamen
« dominum judicem ceterosque officiarios et secularem
« potestatem affectuose deprecantes ut in penitentia infli-
« genda citra mortis periculum et membrorum mutila-
« tionem erga eos sentenciam vestram moderari eosque
« humaniter et benigne tractare velitis (1). »

Au cours des prédications de saint François de Sales en
Chablais, les ministres protestants, irrités de ses succès,
se réunirent un jour (1595) et résolurent de le faire passer, aux yeux du peuple, pour sorcier. « Il se trouva un
« méchant huguenot qui affirma, par serment public,
« qu'il avait vu François au sabbat et dans les assemblées
« nocturnes des sorciers. Le bruit en courut tellement
« parmi le peuple qu'on ne parlait que de tuer et de *brû-*
« *ler* le saint Apôtre... Les enfants spirituels du saint
« missionnaire le vinrent avertir de ce qui s'était résolu
« contre lui dans ce consistoire hérétique ; mais lui se mit
« à rire et faisant sur lui un grand signe de croix : « *Voici,*
« dit-il, *toute ma marque, mes charmes et mes carac-*
« *tères* ; avec ce puissant signe, je m'assujettis tous les
« diables (2). »

Les sabbats étaient donc connus et fréquents en Chablais, et les dernières paroles de saint François que nous
venons de rapporter montrent qu'il en connaissait bien
les usages (3).

A n'en pas douter, si les débris de nos vieilles archives
étaient consultés par un plus grand nombre d'amateurs,
on y découvrirait souvent, au moins la trace de procès de
sorciers semblables à ceux que nous venons de men-
tionner. Ceux qui ont cherché avec un peu de patience

---

(1) Ibid., vol. IV, p. 207 et suiv.
(2) Déposition du sieur Bouverat, chablaisien. (*Année sainte de la Visi-
tation*, t. VII, p. 408.)
(3) Dans le rituel donné par saint François de Sales, en 1612, imprimé
la même année à Lyon, édition originale, p. 329, on lit que le prêtre, les
jours de dimanche, avant de commencer la messe paroissiale, devait dire
à haute voix, tourné vers le peuple : « De la part de Monseigneur le
« Révérendissime nostre Evesque on commande à tous les excommuniés,
« sorciers et enchanteurs, de sortir hors de l'église et confins du cimetière
« pendant que l'on fera le divin service. »

ont trouvé, en effet, et tout nous indique que cette plaie
de la sorcellerie était fort répandue en notre pays, comme,
du reste, partout ailleurs.

A raison du voisinage des terres et du rapprochement
des dates, ce serait ici le lieu de parler des cas autrement
nombreux de sorcellerie dont conservent le souvenir les
registres du consistoire et du conseil de Genève devenue
protestante. Mais l'inquisition de Calvin a, elle aussi, une
histoire à part. On a dit que les lois de Calvin sont écrites
non avec du sang comme celles de Dracon, mais avec un
fer rouge. La lenteur prudente et la modération, la man-
suétude obligatoire de l'inquisition catholique font place,
ici, à une scandaleuse rapidité dans les jugements et à
une effrayante rigueur. Des auteurs protestants eux-
mêmes ont signalé la différence, le contraste entre les
procédés usités par le régime épiscopal, avant la réforme,
et ceux qui la suivirent (1). Blavignac se fait fort de citer
bien des jugements criminels de l'espèce dont nous parlons et il ne s'abstient que pour ne pas désobliger des personnes vivantes ayant intérêt à sa discrétion (2). Au rapport du chanoine Fleury, durant les cinq premières années du régime de Calvin, dans un territoire aussi peu
étendu que celui de la ville et de sa banlieue, il y eut
cinquante-huit exécutions capitales, dont treize par la potence, dix par le glaive, trente-cinq par le feu et cinq personnes furent écartelées vives. Bien plus (nous mention-
nons ceci en anticipant un peu sur l'ordre chronologique),
le même auteur donne la liste, copiée textuellement sur
les registres de la ville, de plus de 80 malheureux, tous
détenus et torturés, puis, les uns bannis, les autres fouet-

---

(1) Sous le régime épiscopal, la torture existait, à la vérité, mais elle
n'était appliquée qu'en vertu d'une sentence interlocutoire, délibérée et
rendue comme la sentence définitive. Il fallait pour cela, outre la volonté
du juge, l'avis concordant de deux jurisconsultes ; l'emploi en était réglé
et limité de manière à en prévenir les abus, et il n'appartenait pas aux
magistrats d'inventer ou d'adopter d'autres tourments ou supplices que
ceux qui étaient en usage dans le pays. (GALIFFE, *Quelques Pages d'Histoire*, p. 105.)

(2) BLAVIGNAC, *Études sur Genève*, t. II, p. 226.

tés, ceux-ci brûlés, ceux-là traînés vivants sur la claie, et cela en l'espace de six ans seulement, de 1609 à 1615, cinquante ans après la mort de Calvin (1).

Assurément, en présence de ce tableau lugubre et officiellement exact, un calviniste, du moins, n'est plus admis à récriminer contre l'inquisition romaine.

Mais revenons sur nos terres.

VI.

N'était le souci que nous prenons de la vérité historique dans un sujet d'intérêt local, il ne vaudrait pas la peine de relever les commentaires fantaisistes dont l'auteur de la *Notice sur l'Abbaye de Talloires* a accompagné, dans plusieurs de ses publications, la sentence prononcée par l'inquisition contre Antoine Charrière, du village de Rovagny.

On s'y résigne uniquement pour montrer avec quelle légèreté, dans une question sérieuse, il cède, après tant d'autres, au plaisir de dire un bon mot.

Parce que cette sentence a été prononcée à Talloires, il en tire occasion de grossir encore, par l'accusation de cruauté et de barbarie, la fâcheuse réputation du prieuré de cette localité au point de vue de la discipline.

Peut-être a-t-il regretté d'avoir écrit des phrases aussi peu réfléchies que celles-ci : « ..... Le prieur de « Talloires avait le droit de juridiction sur toutes ses « possessions, et, ce qui est horrible à dire, c'est que l'in-« quisition avait aussi ses droits acquis dans ce petit « coin de terre : les moines ont eu la farouche idée de se « passer, entre la poire et le fromage, le spectacle de « pauvres diables brûlés sur la place publique pour crime « d'hérésie. Les nommés Antoine Charrière et... ont ex-

(1) FLEURY, *Histoire de l'Eglise de Genève,* t. II, p. 58 et suiv., et pièce justif. n° 1.

« pié sur la place publique de Talloires leur commerce
« avec le diable et leurs sorcelleries (1). »

Que d'imprudences en quelques lignes! Eh! sans doute,
l'inquisition avait ses droits acquis en ce coin de terre de
Talloires, exactement comme elle les avait partout ailleurs, lorsque, sur la plainte des seigneurs laïques et de
leurs châtelains laïques, elle procédait à l'examen des
causes criminelles en matière d'hérésie et de sorcellerie. .

Pourquoi donc insinuer que, plus qu'une autre localité,
Talloires fut l'endroit des franches coudées de l'inquisition? Où donc a-t-on vu que Charrière fut brûlé vif sur
la place publique de Talloires alors que le texte n'en dit
mot (2) et que le lieu ordinaire des exécutions, pour le
territoire du prieuré, était très loin du village de Talloires,
aux confins de la juridiction, proche de Vertier? Dès lors,
pourquoi mettre les moines aux fenêtres de l'abbaye et
leur supposer gratuitement la farouche idée de se gaudir
d'un si lugubre spectacle? De plus, que peut-on savoir des
crimes dont Charrière fut accusé, puisque, en même
temps que le texte de la sentence portée contre lui, on n'a
pas trouvé le corps de la procédure qui y a donné lieu?

Si les crimes de Charrière ont été semblables à ceux
relatés dans le procès de Saint-Jorioz, on cessera de s'é-
tonner autant, qu'à raison de l'époque et des mœurs de
l'époque, ils aient été jugés dignes du dernier supplice.

Une autre célébrité littéraire d'Annecy n'a pas su, non
plus, se défendre d'une certaine partialité en citant le
même fait historique. L'occasion était trop belle, pour un
poète, de mouler quelques phrases à grand effet: « Crimes

---

(1) *Annecy et ses environs,* par Jules Philippe, p. 141.
(2) M. Philippe a traduit les mots : *in loco patenti et publico,* par
place publique. Il est si peu certain que Charrière ait été brûlé à Talloires,
sur la place publique ou ailleurs, que le juge laïque, après avoir prononcé la sentence, ordonne aux officiers du prieuré de remettre le condamné entre les mains du châtelain d'Annecy, qui seul avait droit de
procéder à l'exécution. Le prieuré, en effet, n'avait pas encore, à cette
date, obtenu du Duc de Savoie la juridiction omnimode qui comportait
le droit d'infliger le dernier supplice. Il ne l'obtint que deux ans après,
en 1448, et nous possédons le texte même de cette concession.

imaginaires, farouche inquisiteur, révoltante indignité, ténébreux et sanglant oracle, conclusion implacable, toujours la même : après la torture, le bûcher. » Telles sont les expressions qui émaillent le tableau dessiné par J. Replat (1).

On aimerait plus de calme et de sang-froid dans un récit dont les circonstances, quoique tristes, se représentent exactement les mêmes dans une foule de cas analogues. Il est, certes, bien permis de déplorer la sévérité de l'ancienne législation, et de faire ressortir les adoucissements apportés de nos jours à la procédure criminelle. On peut, certes bien, se féliciter que la torture physique ait disparu de nos mœurs judiciaires.

Mais à qui la faute, si ces formes rigoureuses sont adoptées dans l'Europe entière : si la torture est exigée, de *par le droit public*, pour l'obtention des aveux : si la condamnation capitale entraîne avec elle la confiscation des biens : si, en particulier, la sorcellerie inspire aux peuples une frayeur telle que la voix publique appelle hautement protection contre ses maléfices !

VII.

L'auteur de l'introduction placée en tête des procès de Viry (2), dont il est parlé plus haut, apprécie l'ordre de faits dont nous nous occupons d'une façon plus calme et plus modérée. Il est vrai qu'en fervent rationaliste il déclare ne pas ajouter foi à la possibilité, à l'efficacité des maléfices. Tout en admettant la réalité des réunions nocturnes (3), il en nie, sans hésiter, comme absolument fantastiques, les divers incidents et honteux détails avoués

(1) *Voyage au long cours*, p. 126 et suiv.
(2) M. Eloi Duboin, procureur général près la Cour de Grenoble, naguère procureur de la République à Saint-Julien.
(3) *Procès de Viry*, p. 12 et suiv.

par les prévenus. Il essaie même l'apologie de la sorcière.
Elle n'est, selon lui, qu'une fille compatissante, « qui
« connaît peut-être les secrets de quelques herbes dont
« elle fait usage au bénéfice de ses proches et de ses amis ;
« une *saga* que l'expérience et des aptitudes particulières
« rendent utile auprès du berceau d'un enfant ou du lit
« d'une mère : son rôle est tout d'humanité et de dévoue-
« ment, rôle mal compris et décrié par le paysan crédule,
« surtout quand il n'est pas suivi de la guérison deman-
« dée : son crime est imaginé, inventé, créé de toutes
« pièces par les inquisiteurs et les juges (1). »

Certes, nous voilà loin du portrait traditionnel de la
sorcière, et il faut à l'auteur qui l'apprécie de la sorte une
certaine bravoure pour prendre aussi carrément le contre-
pied du sentiment universel.

Ce qui nous plaît en lui, c'est la loyauté qu'il a de ne
point accuser ici l'inquisition seule. Il lui paraît plus juste
de rejeter la rigueur des formes judiciaires sur l'ignorance
de toute une époque et d'attribuer à l'erreur générale la
conviction qu'en poursuivant l'hérésie sous toutes ses
formes, la justice protégeait à la fois la religion et la société (2).

Il lui eût été, du reste, impossible d'imputer à l'inquisition seule les sentences portées aux procès de sorciers
contenus dans l'ouvrage dont il écrivait la préface. Sur
les sept procédures trouvées aux archives de la baronie de
Viry, trois, rédigées en latin, sont instruites, en 1534, par
le dominicain Amédée Lambert, inquisiteur de la foi dans
le duché de Savoie. La première se conclut par une sentence de décapitation contre l'accusée Rolette, femme
Curtet, de la paroisse de Vers ; la deuxième et la troi-
sième, prononcées contre les femmes Colette, veuve de
Pierre Pantet, et Georgine, épouse de François Vuarin de
l'Eluiset, convaincues cependant de *nephando heresis
crimine,* se terminent par leur condamnation au simple
bannissement du territoire de Viry.

(1) *Procès de Viry*, p. 24.
(2) *Ibid.*

D'où nous tirons cette première conséquence que la conclusion des procès de ce genre n'était pas invariablement la mort, la mort horrible par le feu.

Les quatre autres procès (1542, 1546, 1548 (1), contenus dans l'ouvrage dont nous parlons, sont rédigés en français. Comme les premiers, ils sont instruits au château de Viry. Peut-être sont-ils de ceux qui inaugurent, en notre pays, la période nouvelle où la sorcellerie sera désormais du ressort des tribunaux purement laïques. On y remarque, en effet, qu'aucun personnage ecclésiastique n'y figure. Il n'y a plus ici ni inquisiteur, ni promoteur, ni procureur de la foi, pas même un ministre ou représentant de la religion réformée. C'est le châtelain de Viry, assisté de quelques jurés, qui procède aux informations, qui entend les témoins, qui ordonne l'estrapade, qui rend, comme un vrai dominicain, au nom du Père et du Fils et du Saint-Esprit, le verdict de culpabilité, qui prononce l'arrêt, c'est-à-dire la peine de mort par la décapitation et par le feu ; c'est lui enfin qui livre les condamnés aux bourreaux, après avoir signifié la confiscation de leurs biens, meubles et immeubles, *à nos magnifiques seigneurs barons de Viry, à forme des statuts de nos très redoublez seigneurs de Berne* (2).

Le bailliage de Ternier, dans lequel se trouvait compris le territoire de Viry, venait en effet d'être envahi, depuis quelques années, par les Bernois, et le juge châtelain, abandonnant les formules catholiques, parle en homme qui ne veut pas se compromettre auprès des protestants, maîtres du pays, s'il n'est protestant lui-même.

Eh quoi ! dirons-nous, n'y a-t-il pas une souveraine inconvenance à voir décider, par un juge absolument laïque, des questions de surnaturel ? Le prévenu de sorcellerie n'aurait-il pas pu réclamer de l'incompétence de

---

(1) Contre : 1° Françoise, fille de feu Pierre Grand, de La Roche ; 2° contre Clauda, fille de Mermet Bozon, originaire de Germagny, veuve de Louis Collomb, de l'Eluiset ; 3° contre Marguerite Morat, originaire de Jonzier, et son mari, Jean Girard, de Vers ; 4° contre Michel Boson, de Germagny, mort dans les tortures.
(2) *Procès de Viry*, p. 181.

ce magistrat, ou bien, n'aurait-il pas eu plus de garantie
devant un religieux plus expert et plus versé en ces ma-
tières ?

VIII.

Mais ces jugements prononcés par le châtelain de Viry
suivaient de près la réforme judiciaire introduite par
François Ier et poursuivie par Henri II, rois de France,
lors de l'occupation française de notre pays (1535-1559).
François Ier, en effet, ordonna l'emploi de la langue française dans les actes publics, rendit obligatoire en Savoie
la jurisprudence criminelle de France, et attribua aux
tribunaux civils, malgré les protestations du clergé, la
connaissance du crime de sorcellerie (1540). Dès cette
époque, les procès inquisitoriaux proprement dits deviennent extrêmement rares, et si des inquisiteurs continuent
parfois à remplir leur mission, ils ont besoin de la licence
du Sénat *pour bien faire leur devoir sous les modifica-
tions, statuts et restrictions du royaume de France, pour
la recherche de l'hérésie* (simple) (1).

La procédure suivie dès lors fut plus sévère que celle
de l'inquisition. Elle se résumait ainsi : la torture est
maintenue ; les débats ont lieu secrètement ; le ministère
des avocats est interdit aux accusés ; les témoins ouïs
contre les prévenus ne sont pas nommés ; la peine pour
les hérétiques, les sorciers, les sodomites est celle du feu ;
seulement, afin d'adoucir la rigueur de l'arrêt, on ordonne
de les étrangler au moment où la flamme va les atteindre.

Il n'est plus question de ces avertissements publics et
charitables, de ces délais miséricordieux, de ces assurances
de pardon et de grâce, offerts par les juges ecclésiastiques
aux coupables repentants. Le tribunal laïque ne sait que
condamner ou absoudre, mais il ne sait pas pardonner.

Fort nombreuses sont les condamnations capitales pro-

(1) C'est ce qui arriva au dominicain Dechamp, du couvent de Bourg,
vice-inquisiteur pour le diocèse de Genève, en décembre 1543.

noncées par le Sénat de Chambéry dans cet intervalle de l'occupation française (1). La Cour souveraine de Savoie ne devint un peu plus débonnaire qu'à la rentrée (1559), dans ses Etats, du duc Emmanuel-Philibert, qui donna des ordres dans ce sens (2).

Toutefois, vers la fin de ce même xvie siècle et au commencement du xviie, une recrudescence de cette plaie de la sorcellerie se manifestant en notre pays, comme ailleurs, nécessita des rigueurs nouvelles. Nous en avons, pour le Genevois, le témoignage de l'illustre Antoine Favre, une de nos gloires les plus pures, l'ami de saint François de Sales, ce génie universel dont les sceptiques eux-mêmes reconnaissent la souveraine intégrité. Ce grand homme de bien confesse que pendant qu'il était président du Conseil de Genevois à Annecy (avant 1610), cette peste du genre humain (c'est le nom qu'il donne à la sorcellerie) s'était si fort répandue et causait tant de maux que, de l'avis de ses collègues Claude Dequoë et Claude Machet, personnages appelés par lui très distingués, très instruits, très intègres, il en vint à condamner plusieurs coupables à être étranglés d'abord, puis voués aux flammes (3). Il ajoute que ces condamnations, déférées en appel, furent confirmées par le Sénat, lequel, à son tour, prononça des

(1) En voici quelques unes : en mars 1550, Jean Godeau, condamné à être traîné sur la claie, étranglé et ensuite brûlé vif, pour hérésie, dogmatisation et schisme. 15 avril 1550, Gabriel Beraudin, brûlé vif. Peu après, Claude Janin de la Faverge, brûlé pour des paroles malsonnantes contre la messe et l'autorité du Roi. Le 10 août 1553, Jean Poirier, sur le bûcher, pour avoir semé fausse doctrine à Montmélian. Le 2 juin 1557, le prêtre Sanguipert, accusé d'hérésie et de faits scandaleux, condamné à la confiscation de ses biens, à l'amende honorable, à être suspendu sous les aisselles l'espace d'une demi-heure à une potence à l'entour de laquelle sera fait un feu qui ne l'endommagera point, et pour le surplus est renvoyé devant son juge pour le fait d'hérésie (simple).
(2) Tous ces détails sur la réforme judiciaire en Savoie sont tirés, passim, de l'*Histoire du Sénat*, par E. Brunier, publiée par l'Académie de Savoie, 2ᵉ série.
(3) Codex Fabrianus, tit. XII, de *Malefic., mathemat. et sortileg.* Definitio II, Favre est plus accommodant pour les sorciers qui n'emploient pas les imprécations et les maléfices, mais seulement les paroles et les menaces et le pain ordinaire comme moyen de fascination et de guérison. Il est cependant d'avis, que, même ceux-ci, soient condamnés à l'exil perpétuel. (Ibid., définitio Iª.)

sentences pareilles contre des criminels des autres provinces de Savoie (1).

Notez ceci : Favre ne mentionne en aucune façon que les sentences prononcées par le Conseil de Genevois et par le Sénat, sous sa présidence, aient été précédées de l'enquête et du verdict inquisitorial ecclésiastique ; ce que, certes, il n'eut pas oublié de dire si le Saint-Office avait eu sa part dans les débats (2). Les deux cours d'Annecy et de Chambéry avaient donc, à cette époque, la connaissance entière de ce genre de délit, comme, du reste, tous les Parlements de France (3) et les sorciers de ce temps-là ont dû regretter ces Dominicains *farouches* auprès desquels, moyennant une légère pénitence, ils auraient trouvé miséricorde par l'aveu spontané et le repentir.

Du reste, les autres pays d'Europe adoptèrent aussi la procédure nouvelle contre la sorcellerie. Dès avant le commencement du xviie siècle, cette maladie se propage, en Suisse, en Allemagne, en Angleterre, avec une intensité effrayante, et les rigueurs déployées contre elle par les tribunaux civils deviennent plus odieuses. C'est au point que dans l'Allemagne, envahie par la réforme, ce sont les prêtres catholiques qui se raidissent, autant qu'ils peuvent, contre la rapidité et la sévérité des jugements et qui

---

(1) En 1603, Andrée Viane, de Saint-Gervais en Faucigny, envoyée au bûcher pour avoir causé de graves préjudices par l'invocation des démons. Même année, 1603, Jeanne Rey, de Beaufort, brûlée pour crime semblable. Plusieurs arrêts en plein xviie siècle, entr'autres (1685) ceux contre les nommés Gavot et Morret, chefs de la bande des sorciers de la Motte, pendus et brûlés, etc.

(2) Favre, au contraire, avoue formellement que le juge ecclésiastique qui avait autrefois la connaissance et la correction de la sorcellerie ne l'avait plus de son temps : « Unde est quod isti etiam (malefici) tanquam « heretici puniendi sunt et tanquam fidei abnegatores. Quæ res facit ut « hoc crimen etiam mixti fori esse intelligatur, ejusque cognitio et « coercitio etiam ad ecclesiasticum judicem pertinere. Ideoque et vulgari « lingua nostra vocantur Eriges, derivato haud dubio a nomine illo « græco *airesis*, quia et qui *olim ab ecclesiasticis judicibus* ex causa « hujus criminis condemnabantur, mox seculari brachio corporaliter « puniendi tradebantur. » (*Codex Fabrianus*, tit. XII, défin. IIa, au renvoi 11.)

(3) Au Parlement de Paris, une chambre spéciale eut pour mission de condamner les sorciers : on la nomma la *chambre ardente*, parce que, dit un contemporain, elle ne cessait de vomir le feu.

déploient, avec succès, un zèle éclairé en faveur d'innom-
brables victimes. « Ce furent, disait naguère le docteur
Riter dans la Chambre des députés de Berlin, ce furent
les juristes, non les théologiens, qui brûlèrent les sor-
cières. » Et si le jésuite Frédéric Spée, qui avait pour son
compte confessé et préparé à la mort deux cents de ces
infortunés et les avait accompagnés à l'échafaud, si F. Spée
a écrit, courant par cela seul le péril de sa propre vie, son
livre fameux dédié aux magistrats d'Allemagne (1), ce fut
pour protester contre les raffinements de barbarie intro-
duits par eux dans l'usage de la question, contre l'incompétence de ces tribunaux affolés par la peur ou aveuglés
par l'esprit de secte, enfin, contre la férocité de leurs décisions sommaires et imprudentes (2).

Non, jamais, dans les pays essentiellement catholiques,
on ne poursuivit ces causes avec autant d'acharnement
que dans les contrées protestantes. L'histoire a rendu,
sur ce point, un verdict sans appel.

De ce qui précède ressort manifestement qu'ils sont ou
ignorants ou malintentionnés, ceux qui vont poussant de
grands cris ou écrivant des phrases envenimées contre
l'Eglise et ses inquisiteurs, faisant de ceux-ci des bourreaux inexorables, qui allument eux-mêmes le bûcher sur
lequel crépitent les chairs des pauvres égarés. Erreur ou
mensonge ! Si quelques esprits ainsi tournés veulent absolument déplorer que les juges ecclésiastiques aient fait
des déclarations sur lesquelles des malheureux de cette

---

(1) Cautio criminalibus, seu de processibus contra sagas, liber ad ma-
gistratus Germaniæ hoc tempore necessarius... auctore incerto theologo
romano (1631).

(2) Voir sur l'extension de la sorcellerie et la sévérité de la justice
civile : — Pour l'Allemagne : *Dictionn. encyclopédique de la théologie
catholique,* traduit de l'allem. par Goschler, t. XXII, p. 301 et suiv.
Item : ROHRBACHER, *Hist. univ. de l'Eglise,* t. XI, liv. 86, p. 670 et suiv.,
édit. Vivès. — Pour la Suisse : *Supplém. à l'histoire de la sorcellerie
dans le canton de Fribourg,* par le D' Berchtold, publié dans les archiv.
de la société d'histoire du c. de Fribourg, 4' cahier. BLAVIG'AC : *Etudes
sur Genève.* FLEURY : *Hist. de l'Eglise de Genève.* — Pour la France et
l'Angleterre : *Dictionn. des sciences occultes,* édit. Migne, t. II, art.
Sorciers, etc., etc.

sorte ont subi, d'après les lois du temps et par le bras séculier, l'expiation suprême, il leur faut, de toute équité,
regretter au même titre que les tribunaux laïques soient
tombés dans les mêmes errements. Encore doivent-ils
considérer que la justice civile, en franchissant les limites
de sa compétence, a été beaucoup plus sévère que l'Eglise,
puisqu'elle n'offrait pas, comme celle-ci, le pardon au
repentir après avertissements charitables.

IX.

De l'avis même de ceux qui ont abordé cette étude dans
un esprit rationaliste, rien de ce qui concerne cette espèce
de poursuites n'est spécial à un territoire ou à une natio-
nalité. Partout, ce sont les mêmes faits, les mêmes cou-
tumes, les mêmes croyances, les mêmes aveux.

Partout le pacte diabolique se compose de quatre élé-
ments distincts : l'initiation, l'hommage, le tribut et la
marque.

L'initiation consiste, de la part de l'hérétique ou sorcier, à renier Dieu Créateur, Jésus-Christ Sauveur, la
Vierge Marie, le baptême reçu, la foi catholique, et à
prendre le démon pour maître et seigneur en foulant aux
pieds la Croix.

L'hommage est, de la part de l'initié envers son nouveau maître, une action qui ne se peut exprimer en français. Le latin même, pour le traduire, a besoin d'un bar-
barisme ineffable.

Le tribut consiste en une redevance annuelle, à époque
fixe, d'un objet payable au démon : par exemple un poulet, un chevreau, un œuf, un quartier de mouton, une
pièce de monnaie, etc.

Enfin, la marque est un signe imprimé par l'attouche-
ment ou la morsure du diable sur le corps du récipien-
daire, signe ineffaçable et quelquefois douloureux, tantôt
à la hanche ou sur le dos, tantôt sur une épaule, un bras,
un doigt, un œil.

Quand l'hérétique ou sorcier est de la sorte initié au mystère, les conséquences de l'initiation se retrouvent de nouveau partout identiques. C'est d'abord le droit d'assistance aux réunions clandestines, appelées en Savoie synagogues, réunions fixées le plus souvent dans la nuit du jeudi au vendredi, où l'on danse, mange, boit et chante, où l'on se livre, au signal du maître et sous son regard, à de brutales orgies, à la clarté d'une lumière ou d'un foyer de couleur verte ; puis le bâton d'un pied et demi de longueur, sur lequel, à califourchon, l'initié est transporté à la réunion nocturne à travers l'espace et avec la vitesse de la pensée ; enfin, la boîte ou pixide d'onguent ou de poudre pour procurer les maléfices (1) ; autant de détails conservés, dans les souvenirs populaires, avec une singulière précision et une remarquable uniformité. Des sacrilèges et des attentats plus odieux viennent parfois rompre l'espèce de monotonie de ces sortes d'enquêtes, mais ils sont toujours accompagnés des incidents mentionnés ci-dessus.

Tout cela a-t-il été entièrement, absolument, en toute occasion, fantastique et imaginaire ? Question scabreuse s'il en fut. Rarement on rencontrera un fait historique qui se prête à une aussi grande divergence d'appréciations, par la raison que le faux s'est quelquefois, souvent peut-être, glissé sous le couvert du vrai. Dans le trouble, dans le brouillard où vous jette la lecture de tant de jugements opposés, l'on perd de vue, un instant, le rayon lumineux que projettent les plus sûrs et les plus élémentaires motifs de certitude.

A côté des historiens graves qui, appuyés sur les prin-

---

(1) Ces détails sont précisément ceux que le président Favre mentionne aussi dans les jugements prononcés par lui à Annecy et à Chambéry : « Senatus noster... suppliciis addixit eos præsertim qui diabolicas istas synagogas frequentasse, ibique cum diabolo duxisse choreas, saltasse, bibisse, feminas etiam cum eo concubuisse, fidem denique et hommagium ei prestitisse, ac in necessarium sive antecedens sive subsequens Baptismo et sacrosanctæ Fidei renunciasse, ab eoque varias et miras nocendi artes didicisse... fatebantur. (*Codex Fabrianus*, titul. XII, définit. lIª.)

cipes de la théologie, sur les documents originaux et authentiques, sur les preuves de fait les plus nombreuses,
affirment la réalité des scènes infernales, voici arriver,
d'abord, les sceptiques. Ceux-ci nient tout et *à priori* :
pour eux le surnaturel n'existe pas. C'est commode et
expéditif. L'assistance des sorciers aux synagogues n'est
qu'un rêve de leur imagination en délire, le résultat
d'une maladie particulière. Viennent ensuite ceux qui
n'admettent pas même les visions fantastiques comme
produit d'un dérangement cérébral et qui n'attribuent
qu'à la torture les aveux entrecoupés, monosyllabiques,
de véritables innocents. Ils tentent de faire accroire que
le prévenu était toujours interrogé, *in actu quæstionis,*
au moment où il subissait la question, ce qui n'est pas
vrai, et de plus, que le patient, une fois délivré, démen-
tait et révoquait toujours ce que la douleur lui avait arra-
ché, ce qui n'est pas exact. En voici d'autres qui confon-
dent la possession diabolique avec l'obsession et qui,
faisant de ces sorciers des possédés proprement dits, sou-
tiennent qu'on ne pouvait croire à leurs paroles, puisque
c'était le Père du mensonge qui parlait en eux.

Tels veulent bien que ces sabbats aient été des théâtres
d'impiété et de débauche, mais non d'opérations magi-
ques ; ce n'étaient, à leur avis, que des conciliabules de
sociétés secrètes, issues des anciennes hérésies, où l'on se
contentait de parodier les cérémonies du culte catholique.
Tels autres, enfin, confessent aussi la réalité des réunions nocturnes, et essaient d'en donner la raison de
l'une des manières suivantes : ce ne sont que des assemblées joyeuses où des paysans se dédommagent par les
amusements et la bonne chère de leurs durs et âpres tra-
vaux, et aussi de la sévérité de la loi féodale qui les
empêche de rire ailleurs à leur aise : ou bien, ce sont des
rendez-vous de malfaiteurs vulgaires qui spéculent sur la
crédulité publique pour commettre leurs vols et leurs ra-
pines : ou bien encore, ce sont des associations de vau-
riens, d'hypocondres, de charlatans qui, désespérant
de se donner quelque importance par leur propre mé-

rite, se rendent remarquables par la terreur qu'ils ins-
pirent.

Il n'est pas rare de rencontrer des écrivains qui, trai-
tant ce sujet, veulent bien être sincères, mais ont peur de
paraître croyants. Ils s'avouent ébranlés par le nombre,
la précision, la généralité, l'uniformité, la durée des faits;
mais, ensuite, ils semblent demander pardon de leur jugement en lâchant une plaisanterie finale.

En somme, on dirait une véritable conspiration pour
enlever à un fait embarrassant sa vraie physionomie. Des
combinaisons hardies, des suppositions gratuites pour
couvrir d'un habit rationaliste un enfant difforme et le
faire recevoir en société !

La vérité, ce nous semble, doit être plus simple et plus
dépouillée d'artifices. L'incohérence, la contradiction,
l'embarras de ceux qui s'en éloignent témoignent de la
difficulté qu'il y a à la travestir (1). Quand, sur un fait

(1) Exemple : « ..... Les procédures fribourgeoises ne jettent aucun
« nouveau jour sur ce fait énigmatique. On est toujours à se demander
« si ces scènes racontées par les prévenus se sont passées dans l'empire
« des rêves, si elles n'ont pas été créées par le délire du mal *éphialtique,*
« si ces visions nocturnes ont pu être provoquées avec intention ou si
« elles sont indépendantes du libre arbitre. Toutefois leur universalité
« et quasi uniformité ainsi que leur durée rendent ces hypothèses peu
« admissibles et ce sombre mystère se présente encore à l'observation
« avec toutes ses terreurs...
« Ce qu'il y a de sûr, c'est qu'il n'y a pas la *moindre réalité* dans la
« prétendue magie, produit du fanatisme ou de la friponnerie... Tout ce
« qu'on voit dans la sorcellerie, c'est une tendance à parodier les rites
« du culte catholique. On y trouve à cet égard, pas à pas, dans le
« principe, dans la forme et les effets, tous les degrés d'un parallélisme
« contenu. Satan y prend la place de Dieu et se fait adorer comme lui.
« Le chrétien renonce à Satan et à ses œuvres, le sorcier à Dieu et à ses
« saints. Dieu punit le chrétien coupable, Satan punit ses adeptes réfrac-
« taires. Le joug du Christ est doux et léger, celui du diable est dur,
« écrasant. Dieu est vrai, miséricordieux, le diable ment et trompe
« jusqu'à la fin. Même antagonisme dans les formes du rituel. Dans les
« conciliabules du Malin tout est profané : fêtes, croix, eau bénite,
« messe, cène, invocations des saints et jusqu'au baptême. Ce sacrement
« est administré avec du soufre, de l'urine et du sel. *La sorcellerie,*
« *c'est l'hérésie et l'apostasie au suprême degré.*
« Dans les sabbats de Mohra, en Suède, il y avait une église, des céré-
« monies religieuses, de la musique, un carillon de cloches, des croix et
« des prières burlesques, un eau-bénitier rempli de l'urine du Maître, un
« Evêque, des diacres et sous-diacres. Le service commençait par une
« confession ordinaire non pas des péchés, mais des bonnes actions. Le

quelconque, il est répondu catégoriquement à toutes les circonstances qui doivent l'avoir environné : *Quis, cui, quid, ubi, a quo, quare, quo modo, quando* ; quand toutes ces circonstances se lient entre elles d'une façon aisée, suivie, logique ; quand ce fait est examiné par un tribunal compétent, instruit, calme, patient, consciencieux ; quoi de plus ?

Que cette intervention et ces opérations diaboliques soient possibles, un catholique ne saurait le nier. Il lui faudrait pour cela déchirer une à une toutes les pages de l'Evangile qui signalent la puissance malfaisante du démon, même sur les corps. Il faudrait effacer de la vie des saints tous les traits qui ont rapport à leurs combats extérieurs contre lui. Il faudrait exiger de l'Eglise qu'elle supprime, dans les livres officiels de sa prière publique, livres qui sont, en même temps, la plus nette déclaration de sa foi, tous ses exorcismes et ses adjurations. Il faudrait infirmer le témoignage des missionnaires, qui rencontrent à chaque pas les prestiges diaboliques, incomparablement plus fréquents dans les pays infidèles. Il faudrait enfin renverser la théologie et rayer de la Somme de saint Thomas d'Aquin les propositions suivantes que ce puissant génie, un des plus fermes défenseurs des droits de la raison humaine, a burinés avec l'autorité qui lui appartient sans conteste :

« Maître absolvait de la main gauche, et ordonnait pour pénitence de
« faire gras aux jours d'abstinence. La confession achevée, Satan revêt
« les ornements sacerdotaux et dit la messe. On omet le *Confiteor* et
« l'*Alleluia*. Pendant l'offertoire, il s'asseoit, les assistants viennent l'a-
« dorer, tenant en main des cierges noirs. On lui baise la main et on
« offre des dons. Après l'adoration vient le prêche dont on peut deviner
« le sujet. A l'élévation, l'officiant élève une hostie noire portant son
« effigie ; les assistants se rangent autour de l'autel en demi-cercle. Nou-
« veau sermon, puis communion sous les deux espèces. Les hosties sont
« noires, triangulaires. Le breuvage est fétide et d'une horrible saveur.
« Il fait transpirer au dehors, tandis que les nerfs et la moëlle des os
« s'engourdissent de froid. Au lieu de l'*Ite missa est*, l'officiant dit :
« Allez à tous les diables. L'oraison dominicale, l'*Ave Maria*, le *Credo*.
« les psaumes, les litanies, tout est tronqué, interverti, abominablement
« parodié... » (D' BERCHTOLD, *Supplém. à l'histoire de la sorcellerie
dans le canton de Fribourg*, 4° cahier, page 521 et suiv.)

Singulier langage que celui-là ! Affirmer d'abord qu'il n'y a rien, puis avouer complaisamment le tout.

I. Dæmones cognoscunt aliqua futura contingentia (1^a, q. 86, 4 ad 2um).

II. Dæmones se fingunt esse animas defunctorum ut inducant in errorem (1^a, q. 89, 8, ad 2um ; item, q. 117, 4, ad 2um).

III. Dæmones faciunt aliquas levitates ut sint familiares hominibus quos conantur decipere (1^a 2^{ae}, q. 89, 4 ad 3um).

IV. Dæmones alliciuntur diversis generibus herbarum, animalium, carminum et rituum, ut signis, non ut rebus (1^a, q. 115, 5, ad 3um et 2^a 2^æ, q. 85, 2, ad 2um).

V. Dæmones possunt, etiam nunc, Deo permittente... homines vexare quantum ad corpus (3^a, q$_t$ 49, 2, ad 2um et 3^a, q. 71, 2, ad 1um.

VI. Idem dæmon potest recipere semen viri et transfundere in mulierem et generabitur homo qui erit filius viri et non dæmonis (1^a, q. 51, 3, ad 6um).

VII. Dæmones frequenter apparent in figuris bestiarum quæ designent conditiones eorum, ex permissione Dei (2^a 2^æ, q. 165, 2, ad 3um.

VIII. Dæmones possunt vere naturales effectus producere, sed mediantibus agentibus naturalibus (1^a, q. 114, 4, ad 2um, item. q. 115, 5, ad 1um ; item q. 117, 3).

IX. Dæmon potest dupliciter facere aliquid apparere aliud quam sit, scilicet commutando alicujus phantasiam interius et alios corporeos sensus, vel exterius aliquod corpus formando (1^a q. 114, 4, ad 2um).

X. Pluvia, venti, et quæcumque solo motu locali fiunt, possunt causari a dæmonibus (1^a 2^æ, q. 80, 2).

Si, pour ces motifs ou autres, on admet la possibilité de ce genre de faits, reste la question de savoir s'ils ont eu lieu réellement, au moins quelquefois, car il est loisible à chacun de faire une mesure, même large, aux erreurs dans lesquelles peuvent être parfois tombés les tribunaux, surtout depuis le moment où l'autorité ecclésiastique, seule compétente, fut écartée de l'instruction ; en d'autres termes, s'il y a là-dedans un fond de vrai.

Mais, s'il n'y a pas là-dedans un fond de vrai, on se trouve en présence d'un prodige plus étonnant encore : le prodige de l'Europe chrétienne tombant et demeurant pendant des siècles dans une crédulité à la fois enfantine et cruelle : le prodige de tous ces accusés, inconnus les uns aux autres, séparés par la langue, les mœurs, la religion même, qui, des montagnes de la Norwège au fond de l'Italie, des rives de l'Elbe et du Tage aux bords de la Baltique, se rencontrent par hasard dans la confession, spontanée ou forcée, des mêmes délits ; le prodige de ces Papes expédiant des bulles réitérées contre un désordre qui n'existe pas ; de ces Papes qui, gardiens de la vérité et de la morale, ne prendraient pas sous leur protection des innocents voués par un préjugé absurde à une fin lamentable, alors qu'ils protestent avec courage contre les violences des rois, des empereurs et des puissants de la terre ; le prodige de ces inquisiteurs, choisis entre les religieux les plus éminents des provinces de leur ordre, contrôlés par les religieux des autres congrégations, leurs émules et leurs rivaux, qui, en définitive, ne seraient que des aveugles ou des niais ; le prodige de tous ces tribunaux laïques, de tous ces parlements, de ce Sénat de Savoie, représentant, aussi bien, sinon mieux que de nos jours, tout ce que la société compte d'hommes instruits et intègres, qui tôpent dans ces écarts et qui offrent le spectacle d'une justice défaillant pendant des siècles, en tous pays, sur le même point en litige.

Assurément, au simple point de vue rationel, ce dernier prodige paraît moins acceptable que l'autre, car, alors, il n'y a plus rien de certain dans l'histoire et il faut supprimer le témoignage humain comme motif et criterium de certitude.

On invoque contre ce qu'on appelle superstition ou fanatisme les lumières de la raison devant laquelle, dit-on encore, tout cet ensemble de faits s'évanouit. Il est pourtant à croire qu'avant l'invasion du rationalisme, il y avait bien un peu de raison dans le monde. Il y a une prétention singulière à affirmer que raison et rationalisme sont nés le même jour. Nos ancêtres, pour être des croyants, ne cessaient pas d'être raisonnables.

C'est bientôt fait à un rationaliste de dire : « Je n'admets rien que ma raison repousse. » Sa raison à lui, n'est pas la raison en elle-même, la raison de tout le monde. Le chrétien, lui non plus, n'admet rien que sa raison repousse. Il croit, il est vrai, des vérités qui excèdent sa raison ; mais encore, il a d'excellentes raisons de croire ces vérités-là.

Dans un temps où la société reposait sur des constitutions, sur des lois, sur des traditions profondément chrétiennes, il ne pouvait venir à la pensée d'un magistrat de se dédoubler dans les divers actes de sa vie ou dans l'exercice de ses fonctions ; de s'asseoir avec sa foi seule au temple et de siéger avec sa raison seule au prétoire. D'un côté comme de l'autre, il était un, lui-même, tout entier, tel quel. Son verdict de culpabilité ou de non culpabilité portait dès lors l'empreinte, non pas de sa raison pure, mais de sa raison chrétienne ; et si, après son verdict affirmatif, la peine appliquée était dure, ce que nous ne contestons point, la faute n'en est pas à lui, mais à la rudesse et à la sévérité des lois en vigueur (1).

C'est contre cette identification, cette pénétration de l'homme et du chrétien, dans le magistrat, que le rationalisme proteste. Hélas ! que n'y aurait-il pas à dire, en notre temps, sur l'identification fréquente de l'homme et du franc-maçon, dans le fonctionnaire public ? Si la balance de Thémis a vacillé aux mains d'un juge doublé d'un chrétien, sera-t-elle plus équitable et plus ferme aux mains d'un magistrat doublé d'un sectaire ?

(1) Sur les origines de l'ancien droit pénal, en matière d'hérésie, voir l'ouvrage du P. Antonin Danzas, des Frères Prêcheurs : *L'Hérésie et la Répression*, inséré dans les *Etudes sur les temps primitifs de l'Ordre de Saint-Dominique*, Paris, lib. Oudin, rue Bonaparte, 5ᵉ vol.

On se prend à rêver devant ces oracles de l'école rationaliste formulés avec une assurance digne d'une meilleure cause : « Depuis qu'il n'y a plus de procès de sorcellerie « il n'y a plus de sorciers : à la lumière éclatante de la « science moderne tous ces fantômes se sont évanouis ; « les progrès de la raison ont fait justice de ce produit de « la superstition et du fanatisme ; en un mot, le « bon sens « a vaincu le démon (1). »

Il n'y a plus de sorciers ! Hé ! tous ne sont pas de cet avis. Mais, fût-ce vrai, qu'importe, si nous avons pire ; si l'hérésie sociale a enveloppé et caché dans ses plis l'hérésie doctrinale, comme le plus renferme le moins ; si toutes les nations d'Europe sentent fermenter en leur sein un levain terrible de désordre et de bouleversement ; si l'œuvre de destruction se poursuit avec une discipline et une tenacité effrayante par l'armée de ce que nous appelons anarchistes, socialistes, communards, pétroleurs, dynamitards, fenians, nihilistes, etc., descendance directe des sorciers d'autrefois ? Quel service la raison et la science modernes rendraient à la société, si elles réussissaient à faire évanouir ce monde-là comme une nuée de fantômes ! Elles éviteraient aux gouvernements le déplaisir d'avoir à employer contre eux les moyens de répression usités contre les hérétiques du moyen âge.

Le bon sens a vaincu le démon ! Hélas ! il n'y paraît guère. On oublie trop que dernièrement, dans un accès de sincérité, le clan révolutionnaire de Gênes a arboré, en pleine rue, l'étendard et l'effigie de Satan ; de Satan qui réalise aujourd'hui publiquement, dans des proportions autrement grandes, et par des suppôts autrement nombreux, ce qu'il avait peine à obtenir autrefois, à la faveur des mystères de la synagogue, de quelques adeptes perdus dans le flot d'une société profondément chrétienne. Qui ne le reconnaîtrait à sa tactique invariable d'entraîner les hommes, et, s'il le peut, les foules, à renier Dieu créateur

(1) *Procès de Viry*, p. 4.

et Jésus-Christ Sauveur ; à outrager la Vierge Marie qu'il
appelle la Rousse, à apostasier la Foi catholique et le
baptême reçu ? Explique qui pourra, sans une intervention de l'Esprit du mal, directe ou indirecte, les œuvres
ou du moins les tentatives dont nous sommes les témoins
attristés, savoir : le meurtre organisé de l'âme des enfants ; la spoliation savamment combinée de la liberté des
consciences ; le mépris des droits sacrés de la propriété et
de la famille ; l'étouffement des plus légitimes revendica-
tions ; la Croix renversée, brisée, chassée de l'école, de
l'hôpital, du cimetière ; le blasphème applaudi et cou-
ronné ; le concubinage ou l'adultère remis à flot sous le
nom de divorce ; le solidarisme et l'enfouissement civil ;
le vol commencé ou projeté sans pudeur de tous les biens
matériels destinés au culte de Dieu ; le suicide passé à
l'état d'épidémie ; ce déluge d'illustrations pornographi-
ques et de publications hideusement impies ; cette per-
version du sens moral, cette oblitération des idées les plus
élémentaires de justice et d'honnêteté, etc., autant de pro-
jets criminels auxquels l'Eglise catholique seule oppose,
comme toujours, une sérieuse et invincible résistance.

Qu'importe désormais à l'Esprit du mal, concret, personnel, de se dissimuler dans un sabbat de campagne,
s'il se croit maître de la place ? Que lui importe d'abuser
de pauvres paysans grossiers et peu instruits, s'il parvient,
en notre siècle *d'éclairage,* à compter au nombre des
siens de hautes personnalités apostates de la foi de leur
baptême ; si son champ d'action est plus large, si ses
influences malfaisantes ont libre carrière ? Toutes les
poudres, tous les onguents maléficiaires du moyen âge
peuvent-ils être comparés, quant à leurs effets, aux conséquences d'un seul article de loi fabriqué sous son inspi-
ration ! Toutes les morts d'enfants procurées par ses sorciers peuvent-elles entrer en parallèle avec les désastres
moraux infligés à la jeunesse et à l'enfance par l'école sans
Dieu ? Tous les préjudices particuliers qu'il s'est plu à
causer entrent-ils en parallèle avec la confiscation organisée de la liberté des âmes, avec la ruine matérielle à

laquelle sont voués ceux qui refusent d'entrer dans ses cadres ?

Il n'y a rien de nouveau sous le soleil. Qu'arrivera-t-il ? ce qui est arrivé déjà (1).

Les Pères de l'Eglise nous ont transmis le détail des faits honteux, obscènes, des réunions clandestines que tenaient les hérétiques des premiers siècles. Leur plume frémit à dévoiler, même en les atténuant et pour la préservation des fidèles, les horreurs sans nom qui s'y commettaient (2).

Les procès-verbaux de l'inquisition et des tribunaux civils sont pour nous la révélation de scènes semblables pendant le moyen âge et les temps plus rapprochés de nous (3).

---

(1) Ecclesiaste chap. I, ⅴ. 9 et 10.

(2) Gnostici non eorum duntaxat, quibus errorem persuaserunt, depraverunt ingenia : sed, et animos corporaque pariter adulteriis ac promiscuæ libidini servilem in modum subjecerunt. Etenim, suos ipsos conventus multiplicis ac promiscui concubitus pravitate contaminant : ubi et humanis carnibus et turpissimis sordibus vescuntur... Pudet me bona fide quæ apud illos turpissima perpetrantur exponere... Verum, quæ illos facere non pudet, neque me pudebit eloqui ut qui fædissima illorum flagitia audierint, horrore quodam afficiantur... (S' Epiphane, adversus Gnosticos, heresis xxvi).

(3) La secte hérétique appelée des Fraticelles (Fraterculorum) qui se répandit en Italie vers le milieu du xvᵉ siècle, avait ses réunions secrètes appelées Barilottes (Barilotta), théâtres de débauche et d'infanticides. Dans le procès intenté (1466) contre quelques-uns d'entre eux qui avaient été saisis à Sainte-Marie des Anges, près d'Assise, à l'époque des grandes indulgences de la Portioncule, conduits ensuite au château Saint-Ange à Rome, et là interrogés par une commission d'Evêques nommés directement par le Pape Paul III, ils avouent ce qui suit, et les commissaires le répètent dans le procès-verbal des débats adressé au Pape lui-même :

« ..... Inquisiti prædicti cum quamplurimis aliis masculis et feminis « simul congregatis... mala malo addendo pluries atque pluries in « perversis missis quas... celebrarunt, in fine dictarum missarum lumina « extinxerunt et dixerunt : Alleluia, Alleluia, Ciascuno se pigli la sua, « et quod his verbis dictis quilibet eorum unam accipiebat mulierem, « et illam carnaliter cognoscebat, adulterium committendo et perpe- « trando, tenentes et arbitrantes se facere rem a Deo acceptam et... se « facere actum charitatis. Et sic est et fuit verum.

« Item, quod inquisiti prædicti una cum aliis masculis et feminis dictæ « sectæ in unum coadunati in aliqua eorum ecclesia seu synagoga et « loco, magnum ignem accenderunt et in medio eorum circulum fece- « runt, et unum puerum inter eos natum, in adulteriis prædictis geni- « tum, ceperunt et circum dictum ignem de uno ad alium duxerunt « usque quo mortuus et desecatus extitit. Et deinde ex illo pulveres

Nous savons ce qui se passait dans les conventicules secrets où le philosophisme du siècle dernier préparait la chute de la monarchie chrétienne et le renversement des autels.

Et de nos jours, assez de témoignages, assez de faits, nous donnent la douloureuse certitude que les effractions fréquentes de nos tabernacles n'ont pas toujours le vol pour unique objectif, et que dans des réunions clandestines, l'Hostie consacrée est livrée par des mains sacrilèges à la dérision du Mauvais et à la profanation de ses adeptes.

Le dédaigneux sourire du chrétien, sur cet ordre de choses, ne sert qu'à faire le jeu du Démon dont le grand art, à notre époque, est de se faire nier.

Jb-M. LAVANCHY,

Curé-Archiprêtre de Thonon-les-Bains,
Ancien Curé de Saint-Jorioz.

« fecerunt et in uno flascone vini posuerunt, et functa eorum perversa
« missa omnibus in illa... interessentibus de hujus modi vino, loco
« sacratissimi Christi corporis et veræ communionis, ab bibendum
« semel præbuerunt et dederunt, præbercque et dare consueverunt, in
« veræ fidei... vilipendium ac contemptum. Ac sic fuit et est verum. »
(Documents tirés des archiv. du Vatican, publiés à Leipsick en 1843,
p. 28 et 29, dont nous avons eu l'obligeante communication de l'abbé
Piccard, vic. à Thonon.)

PROCESSUS FORMATUS EX SACRE INQUISITIONIS FIDEI OFFICIO,

INSTANTE EJUSDEM

SACRE FIDEI INQUISITIONIS PROCURATORE,

CONTRA

ANTHONIAM UXOREM JOHANNIS ROSE DE VILLARIO CHABODI,

PAROCHIE Sᵗⁱ JORII, GEBENNENSIS DIOCESIS

Anno Domini millesimo quatercentesimo septuagesimo septimo, et die nona mensis septembris, existens et personaliter constitua coram Reverendo patre fratre Stephano Hugonodi ordinis fratrum predicatorum conventus Pallatii Gebenn. sacre fidei contra hereticam pravitatem vice inquisitore generali per Reverendum Patrem fratrem Thomam Gogarti (vel Gogarci) ejusdem ordinis predicatorum Generalem dictique conventus Pallatii Gebenn. priorem, in civitatibus et diocesibus Gebenn., Lausanen. et Sedunen., ejusdem sacre fidei inquisitorem generalem specialiter deputato, Anthonia uxor Johannis Rose de Villario Chabodi, parochie Sᵗⁱ Jorii gebenn. diocesis, de mandato ejusdem Domini vice inquisitoris carceribus Villarii Chabodi Nobilis et potentis viri Claudii de Belloforti pro ecclesia electis detenta et mancipata de fide suspecta notata diffamata inculpata et intitullata de dampnoso heresis crimine et coram eodem Domino vice inquisitore adducta, omni carceris vinculo soluta, ac per eumdem vice inquisitorem examinata et interrogata, ejus medio juramento per eam, sacrosanctis Dei evangeliis in manibus prefati vice inquisitoris corporaliter tactis, prestito, videlicet an sit de dicto heresis crimine culpabilis quomodolibet vel obnoxia. Que delata respondit quod de ipso crimino est innocens et pura. Quibus auditis, fuit interrogata per prefatum vice inquisitorem in hunc modum qui sequitur :

Et primo, an sciat causam sue detentionis. que respondit quod illi qui ipsam ceperunt sibi delate dixerunt quod eam accipiebant ex parte fidei.

Item, interrogata an unquam se estimarit de crimine heresis esse diffamatam. dicit quod non.

Item, interrogata si unquam ei crimen heresis fuit improperatum. dicit quod non.

Item, interrogata si unquam absentaverit locum, fugam capiendo, ne pro dicto crimine caperetur. dicit quod non.

Item, interrogata si adhibuerit aliqualem diligentiam purgandi se de infamia dicti heresis criminis quod contra ipsam regnavit et regnat, erga quos interest. dicit quod non, quia dicit quod nescivit se fuisse diffamatam de eodem heresis crimine.

Item, interrogata si unquam usa fuit aliquibus maleficiis ad dandum infirmitates vel alia mala perpetrandum. dicit quod non usa fuit aliter nisi modo quo jam in præsentia præfati vice inquisitoris confessa fuit (1).

Item, interrogata si unquam fuerit in aliquibus sectis sive sinagogis hereticorum cum aliis complicibus suis ad peragendum actus ibidem fieri solitos. dicit quod non.

Item, interrogata an sciat loca in quibus heretici sinagogas consueverunt tenere. dicit quod non.

Item, interrogata si sciat opera que heretici soliti sunt facere vel per audire dici vel aliter. dicit quod non excepto quod bene audivit in sermonibus dum predicabant heretici aliqua verba, non tamen commemoratur de eisdem verbis.

Item, interrogata an sciat se habere *malmolles* ? tam in generali quam in speciali in parochia sua vel mandamento Crusillie vel alibi. Respondit et dixit quod non que sciat.

Item, interrogata si alicui intulerit minas, tam occulte

---

(1) L'accusée avait donc déjà subi un premier et précédent interrogatoire.

quam manifeste ex quibus postmodum sequuta fuerint dampna medio heresis, dicit quod non.

Item, interrogata an fuerit in aliquibus sermonibus generalibus per inquisitorem Reverendum factis in quibus moniti fuerant omnes heretici, canonice terminum temporis prefigendo, eisdem monitionibus per eumdem Reverendum Inquisitorem ut redire et errorem suum confiteri et detegere deberent ut tandem ad gremium Ste Matris Ecclesie redire possent. Respondit quod sic (1).

Item, interrogata quare non redierit, post predictas monitiones, ad gremium Ste Matris Ecclesie, dicit hoc ex eo quod non recessit a dicto gremio.

Quibus sic gestis, fuit eadem Anthonia delata per eumdem vice inquisitorem gratiose monita, pro prima monitione canonica sibi prius presentata gratia et misericordia Sancte Matris Ecclesie prefigendo eidem delatæ terminum unius diei, nec non et pro secunda dando terminum diei sequentis, et pro tertia successive aliam diem sequentem. Quos tres dies pro canonicis monitionibus assignavit præfatus vice inquisitor, casu quo omnimodam veritatem criminis heresi pro quo detinetur ut supra inculpatur et diffamatur confiteri velit et ad gremium Ste Matris Ecclesie redire, demumque assignata per eumdem vice inquisitorem ad compendium, coram ipso vice inquisitore ad diem decimam quartam mensis hujus septembris. Et tunc per eamdem delatam veritatem omnimodam dicti heresis criminis pro quo detinetur confitendam aut aliter contra ipsam procedi videndum et audiendum.

Actum et datum, in dicto Castro Villarii Chabodi, in aula turris ipsius castri, presentibus nobili et potenti viro Claudio de Belloforti, venerabilibus viris Dnis Anthonio Deacla curato Mummini, Claudio Galliardi, cappellano, testibus ad premissa astantibus et vocatis.

---

(1) L'inquisiteur, arrivant dans un pays, avertissait donc publiquement, à l'église, les hérétiques, à revenir librement de leurs méfaits, et à profiter de son indulgence envers ceux dont le retour serait spontané.

Anno Dni millesimo quatercentesimo septuagesimo septimo et die decima quinta mensis septembris fuit supra nominata Anthonia uxor Johannis Rose delata extra supra mencionatos carceres adducta et coram prefato vice inquisitore personaliter constituta, omni carceris vinculo soluta ac per eumdum vice inquisitorem interrogata an crimen heresis de quo intitullatur et pro quo detinetur confiteri velit. Que respondit quod de dicto crimine nichil scit. Quibus auditis per prefatum vice inquisitorem interrogata in hunc qui sequitur modum :

Et primo, fuit interrogata an recognoscat Francesiam uxorem Johannis Tavani. que dicit quod eam recognoscit.

Item, interrogata an fuerit et sit bonorum nominis et fame. que respondit quod sic.

Item, interrogata an unquam ad invicem habuerunt inimicitiam. dicit quod non, attamen deposita per eam negat fore vera.

Item, interrogata an recognoscat Claudiam Vicentii Champanay. dicit quod est bonorum nominis et fame.

Item, interrogata an unquam in ea habuerit inimicitiam. dicit quod non.

Item, interrogata an recognoscat Johannetam uxorem Claudii Fabri. Et respondit quod eam recognoscit et quod est bonorum nominis et fame.

Item, interrogata an unquam ad ipsam habuerit inimicitiam. dicit quod non.

Item, interrogata an recognoscat Peronetam uxorem Johannis Missilierii alias Burvardi. dicit quod sic.

Item, interrogata an unquam ad invicem habuerint aliqualem inimicitiam, respondit quod non (1).

Item, interrogata an recognoverit Massetum Garini, *submersum pro heresi.* dicit quod sic (2).

---

(1) Jusqu'ici cette seconde séance est employée à demander à la prévenue, si elle a quelque raison de récuser le témoignage des personnes qui ont déposé contre elle dans l'enquête préalable instruite par le procureur de la foi.

(2) Cette expression, *submersum pro heresi,* nous apprend que Masset Garin, le présentateur de la prévenue dans la synagogue, avait été lui-même, jugé quelques années auparavant et condamné, comme sorcier ou hérétique, à être noyé, apparemment dans le lac, après un procès semblable à celui-ci.

Item, interrogata an unquam cum eo habuerit aliqualem inimicitiam. dicit quod non.

Item, interrogata si unquam aliquos pueros vel animalia sanaverit per verba. dicit quod non.

. Quibus sic gestis, comparuerunt coram prefato vice inquisitore Egregius vir Franciscus Farodi, sacre inquisitionis fidei procurator predictas inquisitiones et inculpationes in dictam delatam sumptas una cum processu inquisitionali contra eamdem delatam formato ad verificationem premissorum intitulatorum, petens, attentis in eisdem mencionatis contra ipsam delatam sententiam interlocutoriam fieri ex una, et dicta Anthonia delata nichil justi in adversum pro nunc dicens neque allegans quare fieri non debeat ex alia, partibus. Quibus auditis fuit eadem Anthonia delata per prefatum vice inquisitorem interrogata an aliquid excipere seu opponere vel allegare vellet propter quid petita et requisita per prefatum sacre fidei procuratorem fieri non deberent. Que delata, prout supra, nichil in adversum dixit excepto quia dixit se non esse dicti criminis heresis culpabilem. Quibus partibus, hinc et inde, auditis, visis et perlectis predictis per prefatum sacre fidei procuratorem, prefatus vice inquisitor easdem partes assignavit ad nunc ad audiendum ordinationem, quam super premissis duxerit conferendam, quam in hunc qui sequitur modum tulit :

SENTENTIA INTERLOCUTORIA.

Nos, Frater Stephanus Hugonodi vice inquisitor generalis contra hereticam pravitatem, judex et commissarius in hac parte, visis informationibus infamie et judiciorum in te Anthoniam, uxorem Johannis Rose de Villario Chabodi parochie Sti Jorii, gebenn. diocesis delatam ex sacre inquisitionis fidei sumptis, visis inculpationibus in te factis, viso inquisitionali processu ex dicto sacre inquisitionis fidei officio, instante ejusdem sacre inquisitionis fidei procuratore, contra te formato una cum variationibus et perjuriis multiplicibus per te factis in dicto processu mencionatis et omnibus aliis de jure videndis, participatoque consilio cum libris et peritis facta per requisitionem potestatis ordinarie, et termino juris debite exspectato, per hanc nostram procedimus interlocutoriam ordinationem et Christi nomine invocato a quo omne rectum procedit judicium, non declinantes ad dexteram neque ad sinistram, sed equo libramine librantes, Deum et sacras scripturas præ oculis habentes, dicimus, pronunciamus et ordinamus te dictam Anthoniam delatam questionibus et tormentis exponendam torquerique et questionari debere donec veritas ab ore tuo eruatur, salva tibi sanguinis effusione, membrorum tuorum mutilatione de quibus expresse protestamus. In nomine Patris et Filii et Spiritus Sancti. Amen. Exequutionem vero hujusmodi nostre sententie committimus nobili Castellano et carceris officiariis supra nominati nobilis Claudii de Belloforti Villarii Chabodi et sub pœna excommunicationis late sententie et juris. Data et lecta fuit hec nostra sententia interlocutoria in aula turris castri Villarii Chabodi, presentibus venerabili viro Dno Anthonio Deacla capellano, curato munmini, Nobili et Potenti viro Blasio filio Nobilis et Potentis viri Claudii de Belloforti.

Cujusquidem sententie vigore fuit ad locum torture ducta per dictos officiarios, et manibus a tergo ligatis, fuit in corda elevata a terra tribus cubitis, in qua stetit, nulla tamen cavallata sibi data, per spatium dimidie hore vel circa (1). Et nichil voluit confiteri pro tunc sed petiit advisamentum et se deponi a dicta tortura, et immediate fuit admota ab eadem tortura et remissa de die in diem ad se advisandum.

Actum, in loco dicte torture, presentibus quibus supra.

(1) L'accusée est soumise à la question par l'estrapade. Elle consistait à passer une corde sous les bras liés derrière le dos du patient, à élever celui-ci à une certaine hauteur au moyen d'une poulie fixée au plafond, et à le laisser retomber brusquement sans qu'il pût toucher le sous pied de la salle. La torture avait surtout lieu au moment des secousses et c'est par le mot *secousse* qu'il faut traduire l'expression *cavallata* si souvent employée en ce document.

Anno quo supra et die vigesima mensis octobris fuit
prenominata Anthonia delata extra supra mencionatos
carceres adducta et coram prefato vice inquisitore personaliter constituta, omni carceris vinculo soluta, ac per
eumdem vice inquisitorem interrogata an crimen heresis
pro quo inculpatur infamatur intitulatur et pro quo detinetur confiteri velit. Que respondet se de dicto crimine
nichil scire nec confiteri velle. Quo audito, comparuit
sacre fidei procurator reproducens acta et articulata in
causa presenti dicte delate pro parti fidei, Petens eidem
delate, hiis visis, torturam continuari juxta ordinationem
superius factam. Quibus visis et auditis ipse prefatus vice
inquisitor ordinacionem prelectam insequendo jubsit pre-
dictam delatam questionibus exponi juxta juris formam.
Et ejus ordinationis vigore, fuit ad locum torture ducta
ipsa Anthonia delata, et manibus a tergo ligatis, in corda
posita et in ipsa elevata et date fuerunt sibi *tres caval-
late*. Quibus receptis, modicum ibidem stetit, deinde petiit se deponi et promisit omnimodam veritatem dicti
criminis confiteri. Que Anthonia delata remota fuit et ad
locum audientie adducta, et nichil confiteri voluit sed
fuit remissa per prefatum vici inquisitorem ad diem cras-
tinum ad se advisandum et veritatem omnimodam dicen-
dum. Actum in aula castri Villarii Chabodi nobilis et
potentis Claudii de Belloforti, presentibus, etc.

ALIA REPETITIO.

Anno quo supra et die vigesima prima mensis octobris
fuit prenominata Anthonia delata extra supra mencionatos carceres adducta et coram prefato vice inquisitore
personaliter constituta, omni carceris vinculo soluta ac
per eumdem vice inquisitorem interrogata an veritatem
criminis heresis de quo inculpatur, infamatur, intitulatur,
et pro quo detinetur confiteri velit. Que respondit quod
sic, gratiam Dei et misericordiam Ecclesie humiliter im-
plorando dicens et confitens quod « sunt undecim anni
« vel circa quibus ipsa delata, quodam festo, tempore

« estatis, veniebat de Cappella Podii (1), tristis et malin-
« conie repleta eo quia quidam vocatus Jacquemart de
« Annessiaco levaverat supra seu contra ipsam tres pecias
« terre ratione quarumdam pecuniarum sibi Jacquemart
« per ipsam responsarum nomine spectabilis Dni presi-
« dentis Gebenn. scilicet Dni Bertrandi de Dereya in
« quibus eidem obligabatur ratione laudemii et remis-
« sionis homagii facte per prefatum Dnum Presidentem
« Johanni viro dicte delate qui loco uxoris in domo dicte
« Anthonie venerat (2). Et perficiendo iter suum obviavit
« Masseto Garini plexo pro heresi, cui lamentabiliter
« causam sue tristitie exposuit. Qui Massetus, causa au-
« dita, eidem delate respondit : Non cures, quia bonum
« reperiemus remedium et reperiam tibi hominem qui
« pecunias tradet et concedet ad redimendum terras tuas
« et bene tibi erit dummodo michi veris (velis) credere.
« Cui Delata respondit : Ego tibi credam in omnibus
« dummodo feceris quæ prædicis. Ad quam ait ipse Mas-
« setus : Ego que dixi faciam et majora, sed opportebit
« quod facias que tibi dixero et mecum venias, isto sero,
« ad locum ad quem te ducam. Que delata formidavit,
« hiis auditis, cum eo convenire, tandem, cupiditatis
« causa fuit contenta cum eo accedere ad locum ad quem
« eam nitebatur inducere et sero facto, inter nonam et
« decimam horam, venit idem Massetus ad domum ipsius
« delate, et eam vocavit sub silentio atque eidem dixit :
« Tempus est ut eamus. Que delata, dimisso viro et fami-
« lia, accessit cum dicto Masseto ad locum dictum laz
« Perroy, juxta nantum, subtus domum Champagney,
« in quo loco tenebatur sinagoga hereticorum ubi reperit
« homines et mulieres in magno numero, qui ibidem
« galabant et coreabant et ducebant coreas retroverte.

(1) La chapelle du Puys, voisine de la maison occupée aujourd'hui par Mme Poulet.
(2) Le mari de l'accusée avait obtenu de Bertrand de Dérée, président en Genevois, un laod et une rémission d'hommage. Pour payer cette faveur, il s'était rendu débiteur envers un Jacquemard d'Annecy, d'une certaine somme d'argent. Ne pouvant y satisfaire, Jacquemard avait levé sur les biens de sa femme trois pièces de terre. Telle était la cause de sa tristesse.

« Que cum eos vidisset expavit et tunc dictus Massetus
« eidem dixit : Noli timere, quia hic reperiemus quid-
« quid voluerimus sed opportebit facere que tibi dixero.
« Que delata eidem dixit : Ego qujdquid volueris faciam,
« et eo tunc ostendit sibi demonem, vocatum Robinet in
« specie hominis nigri dicendo : Ecce magistrum nos-
« trum, cui necesse est facere homagium, si tu velis
« habere que desideras. Que delata inquisivit ab eo de
« modo faciendi et quid hoc dicere volebat. Cui dictus
« Massetus respondit : Tu negabis Deum creatorem tuum
« et fidem catholicam et illam Ruffam vocatam Mariam
« Virginem et hunc demonem vocatum Robinet recipies ·
« in dominum et magistrum tuum et amodo facies quid-
« quid volueris et habebis omnia que desiderabis et
« aurum et argentum in magna copia. Quibus auditis,
« tristari cepit ipsa delata et facere, prima fronte, recu-
« savit. Quod cum vidisset idem demon cum ea loqui
« cepit et ad hoc faciendum incitavit eidem promittendo
« bona multa, aurum et argentum et multa alia dona se
« daturum, et loquebatur quadam voce roca male intelli-
« gibili, male formando voces ita quod vix poterat in-
« telligi. Ad cujus demonis instantiam nec non et aliorum
« ibidem existentium, tunc Deum Creatorem suum ne-
« gavit, dicendo : Ego, nego Deum Creatorem meum et
« fidem catholicam nec non et Sanctam Crucem, et te,
« demonum vocatum Robinet, recipio in Dnum et Ma-
« gistrum meum (1), et eidem Demoni homagium fecit
« eum obsculando in pede (2) et de tributo annuali, ad
« demonis requestam et dicti Masseti instantiam, dedit
« ipsi demoni unum viennensem (3) quolibet anno et
« persolvit circa festum Penthecostes in loco synagoge et
« hoc anno in pede camporum vocati Jacqvemodi juxta
« nantum, prope Planchiam eidem demoni dicendo :
« Magister, ecce tributum tuum et ex tunc idem demon
« arripiebat. Confitetur insuper quod dictus demon, ejus

(1) L'initiation.
(2) Le premier hommage.
(3) *Un viennois,* pièce de monnaie, le tribut annuel promis.

« magister, eam signavit (1) in parvo digito manus si-
« nistre sue quem *semper a post habuit mortificatum*
« et eidem demoni ad ejus importunam instantiam dedit
« animam suam, deinde crucem quamdam nemore con-
« fectam et ad terram prostratam pede suo sinistre con-
« culcavit et fregit in Dei despectum, et hiis factis, dictus
« demon sibi delate tradidit unam bursam auro et argento
« plenam, quam cum in domo sua apperuisset nichil
« in eadem reperit. Tradidit sibi insuper unum baculum
« longitudinis unius pedis cum dimidio cum quadam
« pisside unguento plena de quo unguento ungere debe-
« bat dictum baculum ad eumdum ad sinagogas, quo
« unto, ponebat inter femora sua dicendo : Vade ex parte
« diaboli, vade, et immediate deportabatur per aera veloci
« motu usque ad locum synagoge. Confitetur ulterius
« quod in predicto loco, comederunt panem et carnes :
« nescit tamen, quas carnes, ut dicit, quia non comedit
« pro tunc nisi panem et caseum et biberunt vinum,
« deinde iterato correaverunt et post modum dicto de-
« moni eorum magistro transmutato de specie hominis
« in speciem canis nigri, honorem et reverentiam fece-
« runt eum in *culo* obsculando (2) deinde igne extincto
« qui ibidem erat incensus viridis coloris ad illumina-
« tionem sinagoge, idem demon clamavit : Meclet! Me-
« clet ! et participaverunt viri cum mulieribus more
« brutali, et ipsa cum dicto Masseto Garini et hiis factis
« abierunt quilibet ad propria.

« Interrogata quos cognovit in dicta sinagoga dicit se
.« vidisse et realiter recognovisse dictum Massetum Ga-
« rini, Peronetam Bernardaz, Anthoniam uxorem Petri
« Rose des Villars, parochie Bellecombe que quondam
« attemptavit capere de nocte filium Michaelis Rose et
« realiter accepisset nisi ipse Michael ipsam vulnerasset
« in brachio sinistro ut sibi delate retulit ipsa Anthonia.
« Alios autem non recognovit, ut dicit, agentes et facientes
« honorem et reverentiam demoni eorum magistro eum

(1) La marque.
(2) L'hommage des habitués.

« obsculando in culo et ipsa delata cum ipsis. Confitetur
« insuper se fuisse in quadam alia sinagoga tenta versus
« pereriam loco dicto ès publex et quod in ipsa sinagoga
« comederunt panem et carnes et biberunt vinum, corea-
« verunt et gallaverunt ducendo coreas retroverte, et
« erant homines et mulieres in magno numero cum de-
« mone eorum magistro qui inter eos huc et illuc incede-
« bat et cui demoni in specie qua supra transmutato
« honorem et reverentiam fecerunt eum in culo obscu-
« lando : Erat etiam ibidem ignis viridis coloris, et ipso
« igne extincto, idem Demon clamavit : Meclet, Meclet,
« et participaverunt viri cum mulieribus more brutali et
« his factis abierunt quilibet ad propria. Interrogata
« quos in dicta sinagoga cognovit dicit se vidisse et rea-
« liter cognovisse Petrum Guerronis, Anthoniam relic-
« tam Girardi de Casalibus, parochie Sti Jorii, Peronetam
« relictam Johanis Grenodi de Capella Podii, alios autem
« non cognovit, ut dicit, agentes et facientes honorem et
« reverentiam demoni eorum magistro eum obsculando
« in culo, et ipsa delata cum ipsis. Successive confitetur
« se fuisse in quadam alia sinagoga tenta in portu lacus
« subtvs vineam de Ochia, prioratus Sti Jorii, cum de-
« mone ejus magistro in specie canis nigri existenti ubi
« erant homines et mulieres in magno numero. Subse-
« quenter confitetur se fuisse in quadam alia sinagoga
« tenta empra mala illustris Dni nostri Gebenn. comitis,
« cum demone ejus magistro in specie hominis existenti.
« Item confitetur se fuisse in quadam alia sinagoga
« tenta in pratis juxtr. lacum, loco vocato in Sogetis ubi
« piscatores dessicart retia sua. Item confitetur se fuisse
« in quadam alia sinagoga tenta loco dicto des croysete
« prope quemdam fontem cum demone ejus magistro in
« specie hominis existenti et ubi erant homines et mu-
« lieres in magno numero, in quibus quidem sinagogis
« biberunt et comederunt ac coreaverunt galando et sal-
« tando cum demone eorum magistro cui honorem et
« reverentiam fecerunt eum obsculando in culo : deinde,
« Mecletum fecerunt, participantes viri cum mulieribus

« more brutali et cœteros actus fieri assuetos et mencio-
« natos in supra mencionatis duabus primis synagogis
« fecerunt. Ulterius confitetur quod ipsa delata cum aliis
« complicibus suis, promiserunt dicto Demoni eorum
« magistro quod alter ipsorum alternum non decellabit,
« sed sub secreto tenebit. Insuper confitetur quod, ut
« plurimum, heretici vadunt ad sinagogas in die Jovis,
« et nihil aliud pro tunc confessa fuit, sed fuit per prefa-
« tum vice inquisitorem remissa ad se advisandum et
« Confessionem suam integre perficiendum, aliter contra
« ipsam via juris procedi videndum et audiendum. »
Actum in aula castri Nobilis et Potentis viri Claudii de
Belloforti, Domini Villarii Chabodi, presentibus venerabili viro Dno Claudio Galliardi, cappellano, Nobili Johe
filio prefati N. Claudii de Belloforti et Vincentio Chevallieri, de Calcibus, testibus ad premissa astantibus et
vocatis.

ALIA REPETITIO.

Anno quo supra et die vicesima secunda mensis octobris fuit prenominata Anthonia delata extra supra mencionatos carceres adducta et coram prefato vice inquisitore
personaliter constituta ac per eumdem vice inquisitorem
interrogata an omnia et singula supra per eam confessa
sint vera, que respondit quod sic, tam suum proprium
quam alienum factum tangentia. Et ulterius confitetur
se « vidisse et realiter cognovisse in sinagoga tenta en laz
« Croysetaz quandam vocatam Bovetaz matrem Claudii
« Boveti et ejus fratrem dou Villaret, nec non Johannetam
« uxorem Petri Guerronis, quemdam vocatum Aymone-
« tum Petex parochie Calcium et est senior omnium,
« Patrem Johannis Petex et ejus fratrum et Francesie
« ipsorum fratrum sororis uxorate in domo Johannis
« Roletti in filium ipsius Johannis Roleti Confitetur in-
« super se vidisse in sinagoga tenta subtus Dereyas (Dé-
« rée) quamdam mulierem servam de Tallueriis que
« tempore messium colligebat hinc et inde, amore Dei,

« bladum et erant in numero circa sexaginta. Conse-
« quenter confitetur se vidisse et realiter cognovisse in
« sinagoga tenta in portu lacus cum aliis suis com-
« plicibus Coletum Garini parochie Sᵗⁱ Jorii, Aymone-
« tam uxorem Alberti Conversi de Sᵗᵒ Jorio, et in sina-
« goga tenta empra mala Johannetam uxorem Johannis
« Bessonis de Noyreto, quemdam vocatum Piciorti de
« domo Petri Callet de Nanto Coteri parochie Sᵗⁱ Jorii et
« est junior fratrum dicte domus, Beatrisiam uxorem
« dicti filii Garbil de eodem, relictam Mermeti Clementis
« de Dereya cujus nomen proprium ignorat, Johannem
« Jacquemodi seniorem de Villario Chabodi qui habet in
« uxorem quamdam de domo illorum de Sales, cum de-
« mone eorum magistro in specie canis nigri existenti,
« honorem homagium et reverentiam eidem demoni
« agentes et facientes obsculando eum in culo cum ceteris
« actibus fieri in talibus assuetis. Et nichil aliud pro tunc
« confessa fuit, sed fuit remissa ad diem crastinam ad
« perficiendam ejus confessionem. » Actum in magna
aula Castri Villarii Chabodi presentibus venerabilibus
viris Dnis Anthonio Deacla, Claudio Galliardi cappellanis,
Nobili Johanne de Belloforti et Vincentio Chevallerii de
Calcibus, testibus ad premissa astantibus et vocatis.

Alia repetitio.

Anno quo supra et die vicesima tertia mensis octobris...
(même préambule que ci-devant)... Et insuper confitetur
(ipsa Anthonia) se vidisse et realiter cognovisse in quadam sinagoga tenta empra mala Raymundum de Sales
parochie Sᵗⁱ Jorii et erat quoqus (cocus) sinagoge, Petrum
Milleti, filium Petri Espagnier, parochie Sᵗⁱ Jorii, Johannem Tavani de Villario Chabodi et erat de magnis magis-
tris sinagoge et bochiatus (1) quodam cornu ne cognosce-
retur, Johannem Bessonis de Noyreto seniorem et erat
etiam ibidem quoqus. Consequenter confitetur quod de-

---

(1) *Bochiatus,* masqué.

ñìón ejus magister, die Jovis ante latam sententiam interlocutoriam contra ipsam Anthoniam delatam, venit ad eam
in carcere et sibi prohibuit ne confiteretur, dicendo eidem
quod si confiteretur eam verberaret. Que Anthonia delata
sibi dixit quod idem Demon se poneret pro ea in detentione in qua subjacebat et eam ab eadem detentione libe-
raret. Qui demon hoc renuit facere, ut dixit, ac iterum
sibi prohibuit ne confiteretur dicendo eidem quod ipsam
preservaret ab omni tormento et quocumque alio malo.
Qui demon tunc se transmutavit in quadam turpi forma
et se suspendit in trabatura (1) carceris dicendo quod
suspensio illa ipsum non prejudicabat neque pro eadem
malum patiebatur. Subsequenter confitetur quod ipsa
delata non usa fuit sanare de malo cridi ante homagium
per ipsam dicto demoni ejus magistro prestitum, sed post
homagium ipsum usa fuit sanare de eodem malo cridi
medio demonis ejus magistri et utendo de eodem malo
cridi (2) dicebat verba sequentia seu in effectu similia : Ils
sont troys qui te cerrent? et trois qui te décerrent? C'est
le Père, le Fils et le Saint-Esprit, baliando (sic) deinde
dicendo submissa voce : Robinet, magister, si habeas ali-
quam potestatem sanandi hunc puerum facias ut eum
sanes, mediam crucem faciendo. Ceterum confitebur
quod pluries vidit *fuisse portatas carnes humanas seu
infantium ad sinagogas et ibidem paratas et deinde co-
mestas et de eisdem confitetur comedisse cum suis aliis
complicibus, et erant dulces et molles*, dicens se non
vidisse portari in dictis sinagogis *capita ipsorum infantium, sed dicebant obmisisse ? illa ipsorum infanties
exhumando a cimiteriis* in eisdem *cimiteriis propter
sanctum Chrisma Baptismi*. Item confitetur quod demon
tribuit hereticis unguentum ad dandum infirmitates et
quod de ipso unguento ab eodem demone ejus magistro
recepit, de quo tetigit in manu filiam Ludovici Fabri de
Filliez, parochie Sti Jorii, etatis annorum quatuor ex quo

(1) *Trabatura carceris,* la poutraison du cachot.
(2) Nous n'avons pas pu savoir ce qui est désigné ici sous le nom de
malum cridi.

recepit repentinam infirmitatem in qua stetit langues-
cendo per quindecim dies et postmodum decessit ab
humanis sunt sex anni vel circa, hoc ideo quia idem
Ludovicus rogabat ipsam delatam ad solvendum quamdam dotem. Item confitetur quod de ossibus et intestinis
puerorum conficiuntur pulveres ad dandum maleficia et
infirmitates personis et animalibus. Item confitetur quod
Raymundus de Sales, Johannes Tavani et quidam alter
grossus homo, in quadam sinagoga tenta subtus Sanctum
Jorium in portu lacus, confecerunt *pulveres de ossibus
cujusdam pueri ex liberis Petri Millet junioris, capti et
exhumati per Massetum Garini in cimiterio Sancti Jorii
quadam die mercurii qui puer fuerat inhumatus in
eodem cimiterio die martis precedenti* et portatus ad
dictam synagogam die jovis sequenti per eumdem Massetum ad maleficiendum et infirmitates dandum. Item
confitetur quod ejus baculum et pixidem unguenti sibi
traditos per dictum demonem ejus magistrum pro eundo
ad synagogas, tenebat seu tenet in archa sua in quodam
callato. Item confitetur quod de pulveribus sibi per dictum
demonem ejus magistrum traditis tetigit unam vacham
Petri Jacquemodi, ex quo contactu fuit mortua et tres
alias vachas ejusdem Petri Jacquemodi infecit ex eodem
maleficio, hoc ideo quia verberaverat quamdam ejus ca-
pram. Item confitetur quod ex pulveribus sibi per dictum
demonem ejus magistrum traditis maleficiavisse unam
vacham Petri Girardi eo quia dampnificaverat quamdam
ejus avenam. Item dicit quod dictus demon eorum magister eis precepit in synagogis quod faciant seu perpe-
trent omnia mala quæ perficere poterunt. Qui demon
tunc sibi dixit quod non formidaret de aliquo quia bene
eam preservaret ab omni malo et quod non caperetur.
Item confitetur quod idem demon eorum magister eis
*precipiebat in dictis synagogis quod in Ecclesia Christum
non adorarent neque eidem honorem exhiberent neque
elevando corpus Dominicum neque aliter, imo in eleva-
tione corporis Christi ipsum negarent et capiendo aquam
benedictam ipsam aquam benedictam retro se asperge-*

rent, dicens insuper quod die quo ipsa delata confitens accipiebat aquam benedictam dictus demon ejus magister non se apparebat in conspectu ipsius. Precipiebat ulterius dictus demon dictis hereticis in synagogis quod *si contingeret eos transire per ante cruces quod Christum non adorarent, ymo ipsum qui in cruce fuit crucifixus negarent, corpusque Dominicum in die Pasche spuerent, ac tamen dicit se hoc non potuisse facere;* demumque confitetur quod *corpus Christi sacratissimum fuit quodam semel portatum in synagoga tenta in portu lacus per Peronetam uxorem Johannis Missilieri, Johannetam uxorem Petri Guerronis et Anthoniam uxorem Anthonii Girardi et ipsum ad terram perstraxerunt et pedibus omnes existentes conculcaverunt, et ipsa delata, pede sinistro et deinde ipsum fricare in saltagine attemptaverunt, quod* tamen facere non potuerunt, *sed cum claritate magna ab oculis eorum evanuit,* DEMONE A LONGE STANTE DUM HEC PERAGERENTUR. Et alia pro tunc non confessa fuit, sed remissa fuit ad ipsius vice inquisitoris primum adventum ad perficiendum ejus confessionem. Actum in aula Castri Villarii Chabodi : presentibus venerabili viro Dno Claudio Galliardi, capellano, nobili Johe de Belloforti et Vicentio Chevallieri, testibus ad premissa astantibus et vocatis.

ALIA REPETITIO ET HUJUS PROCESSUS CONCLUSIO.

Anno quo supra et die vigesima quinta mensis octobris fuit prenominata Anthonia delata extra supra mencionatos carceres adducta et coram prefato vice inquisitore personaliter constituta, omni carceris vinculo soluta, ac per eumdem vice inquisitorem interrogata an omnia et singula superius per eam confessa tam suum ipsum quam alienum factum tangentia sint vera, ipsis omnibus et singulis sibi per prefatum vice inquisitorem, lingua materna, expositis. Que respondit quod sic. Et ulterius confitetur quod die Jovis proxime fluxa, vicesima tertia mensis hujus octobris, postquam prefatus vice inquisitor ipsam repetivit et post ipsius recessum venit ad eam in carcere demon ejus magister in specie unius grossi hominis turpis forme et sibi dixit quod ipsum abnuerat et ipsa delata sibi respondit quod ita fecerat et ad gremium Ste Matris ecclesie redierat, se reddendo Deo et Beate Marie Virgini et Sancto Bernardo pro tribus denariis per ipsam ad honorem S^ti Bernardi offerendis ne idem demon non esset sibi nocivus neque eam temptaret. Qui demon tunc sine aliis verbis per ipsum prolatis, abiit nec per eam a tunc fuit visus, ut dicit. Et hec omnia dixit fore et realiter vera absque ulla ambiguitate, medio ejus juramento corporali super sanctis Dei evangeliis, in manibus prefati Vice inquisitoris prestito et sub periculo anime sue dicens se de et super hujusmodi crimen veritatem omnimodam dixisse nec aliud se scire asserens. Petens de hiis humiliter et devote, cum fletu, genibus flexis et plausis manibus Dei misericordiam et Ecclesie gratiam sibi impertiri. Petens insuper in dictis ejus processu et confessione sententiam dari, concludi et renuntiari cui per presentes renuntiat. Et ex adverso comparuit Venerabilis vir Dnus Claudius Galliardi, cappellanus, sacre inquisitionis fidei procurator, petens et requirens equidem in dicto processu concludi et renuntiari, jusque dici, et sententiam definitivam fieri. Quibus partibus, hinc et inde auditis, ipse prefatus, vice inquisitor in dicto processu conclusit ipsasque partes assignavit ad dietim ad audiendum jus et suam definitivam sententiam super dicto processu per eum ferendam...

Actum in aula Castri Villarii Chabodi ; presentibus venerabilibus viris Dnis Anthonio Deacla, Petro de Con... cappellanis, nobili Johanne de Belloforti et Vicentio Chevallerii, testibus ad premissa astantibus et vocatis. — POMENII, not.

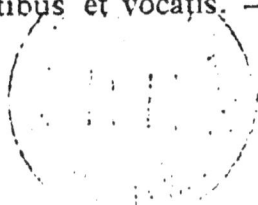

3321. — Annecy. Imprimerie ABRY.

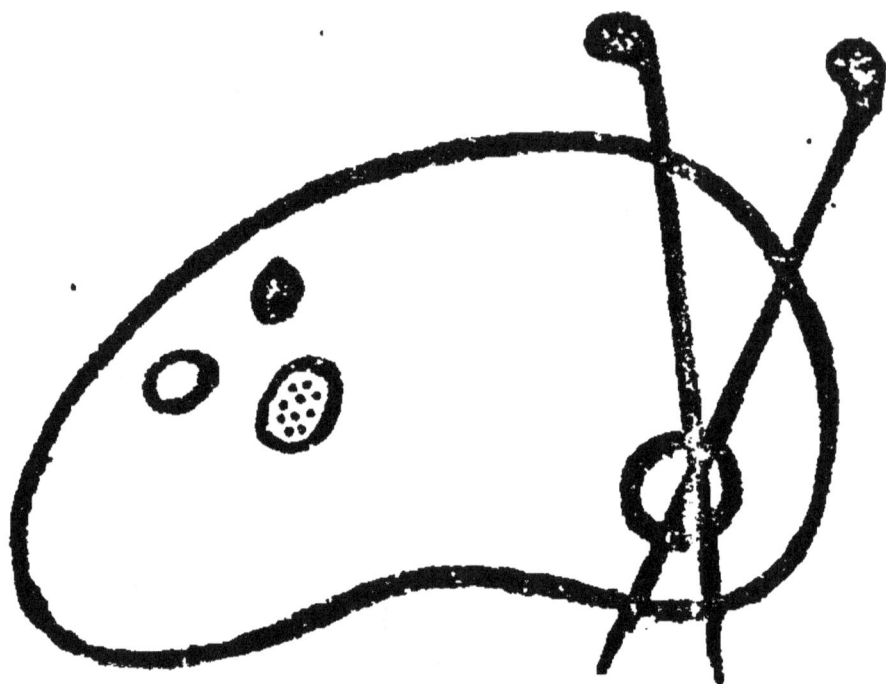

Original en couleur

NF Z 43-120-8

www.ingramcontent.com/pod-product-compliance
Lightning Source LLC
Chambersburg PA
CBHW070825210326
41520CB00011B/2117